差別の教室

藤原章生
Fujiwara Akio

a pilot of wisdom

はじめに

差別をテーマに話をしようと思い立ったのは、2017年秋のことでした。中央大学法学部非常勤講師の杉原志保さんと教授（いずれも当時）、広岡守穂《もりほ》さんから「大学で授業をしませんか」と誘われたのです。「職業・差別・人権」という総合講座で、4、5人の講師が交代で毎期3回ずつ授業をしていくもので、その一人にということでした。

最初にタイトルを聞いたときは、「倫理」や「道徳」の授業のようで、私には縁遠い世界と感じました。大学の先生をしていた元新聞記者に話してみると、「藤原君が倫理？　それ、かなり笑えるねえ」とからかわれたくらいです。しかも、そのころは新聞に長文記事を書く仕事で日々忙しく、「準備する時間がないので」と断ると、「準備なしでも書かれた本の1章分くらいをお話ししてくれれば」と言われ、不安ながらも引き受けました。

驚いたのは、200人近くいる学生や講師陣の真剣さ、熱さでした。授業後のリポートでも、私の知らないアメリカの10代の歌手の差別意識や高校留学のときの被差別体験、鋭い問いを私にぶつけてきました。

授業を経てわかったのは、差別についての本や研究を紹介し、あれこれ理屈をこねるよりも、私が見た、体験した差別、そのときに感じたことをそのまま語るほうが学生の耳に残りやすいという事実でした。私に起きた出来事から、人のふるまいや感情、例えば、恥ずかしさについて、詩人や哲学者の話をもとに考えました。

私自身、学生時代の授業内容で記憶に残っているものはほとんどありません。それでも、講師がぽつりと漏らした私的な話やその人自身が体験した話だけは、なぜかいつまでも覚えています。このため、授業では一つの言葉でも、一文でも、聞いている人たちの記憶に残る話をしたいと思い、きちんと準備をするようになりました。

今回、4年間の授業、21回分を文字にし1冊の本にするにあたり、大幅な並べ替えをしました。身近な東京での地域差別や、日本人に対する差別、アジア人全般、そしてアメリカの黒人、アフリカ人と、差別される側に焦点を当てるようにしたからです。

また、一つの仮説として、「死にかける経験」と「差別しない心」の間にあるつながりについて考えました。さらに差別に対する敏感さや意識はどこから生まれるのか、生来のものなのかについても掘り下げました。

この本はすべての差別を網羅しているわけではありません。人種、性、地域、宗教、職業……あらゆる差別がありますが、あくまでも一人の人間である私自身が重く感じた経験を中心に据えたためです。

外見、身だしなみ、服装で人を判断する人は少なくありません。人は惑わされやすいので、どうしても少ない情報だけで相手を決めつけたり、独り合点になりがちです。でも、他人を見た目で断じる人が少しずつでも減っていけば、いまよりも楽に生きられる人は増えていくのではないでしょうか。

肌の色、骨格、背の高さ、顔のつくり、国籍、言語、習慣、食べもの……。そんなことだけを理由に差別される。年に一度程度の体験なら、「レイシストはどこにでもいる」と笑い飛ばせても、それが日常のように続くとしたら、つらいものがあります。

どうしたら差別はなくなるのか。それが無理でも、どうすれば自分の中にある差別する心を乗り越えられるのか。授業ではそんな問いを考えながら話をしてきました。

差別の定義はいくつもあります。第8章でも触れますが、私がなるほどと思ったのは、富山大学人文学部（人間科学）の佐藤裕《ゆたか》教授の定義です。以下、佐藤教授の著書『新版 差別論――偏見理論批判』をもとに、私なりに解釈しますとこういうことです。

3人集まると差別が始まる。つまり、3人のうちの二人が「あいつはどうもなあ」「これを分けるのはやめよう」などと口裏を合わせる。そのたくらみ、行為が差別だという考え方です。ですから、「日本人は○○だ」といった決めつけ、偏った見方が差別を生み出す例もありますが、ある場面でたまたま複数の人が、そこにいた一人を排除しようとする。それが差別の始まりです。

外国人が歩いているのを、珍しげに見るのは差別ではありません。しかし、そこにいた仲間に「変なやつが来たぞ」と声をかけ、二人で口笛でも吹いてからかったら、それは差別になります。そんな例はいくらでもあります。学校でのいじめ、一人を無視する「シカト」も差別です。それを前提にしますと、日本はかなり差別がはびこる社会に思えます。

私は新聞記者として南アフリカ、メキシコ、イタリアに計15年ほど滞在しました。南アへの赴任はアパルトヘイト（人種隔離）政策が終わった直後でしたし、5年いたメキシコなどラテンアメリカには500年におよぶ先住民差別があります。それでも、どうしてだか、差別を中心に据えた本を書いたことはありませんでした。

それはおそらく、差別が人間の持つ一つの特質、現象の中でももっとも忌まわしいものだと思うからです。差別が暴力、戦争をもたらすこともあります。そんなものに関わってはいられない。もっと明るい面を、前向きな面を見ていこうという考えから、真正面から取り組んでこなかったのです。例えば一人の人物を書く場合も、その人の背景、環境として差別を描くことはあっても、差別そのものをテーマになどしたくなかったのです。それほど忌み嫌っていたのでしょう。

でも、4年間の授業で、私の中から嫌な記憶がよみがえり、そのときの自分の気持ちがずっと心の底に貼りついたままだったことに気づきました。そんな出来事の中にある、人と人との関係、心のありようを探るのが、差別を考える上で、とても大事な手法であることもわかってきました。

ベラルーシ出身でウクライナ育ちの映画監督、セルゲイ・ロズニツァさんが私とのインタビューで、差別意識の変化についてこんなことを言っていました。

「そうした人の変化を考えるとき、私はいつもカニバリズム（人肉食）を連想します。人肉食は2、3万年前には普通のことでしたが、次第に排除され、おそらくここ5000年ほどではぼなくなりました。少なくとも100年ほど前に人類の大多数が『人肉食はいけない』とみなしたのです。人の差別意識が直ちに改まってほしいと思っていますが、長い時間がかかると思います」

どれだけの時間がかかるにしても、一人でも多くの人に差別しない心を身につけてほしい。5年後はいまよりもましに、10年後はさらに良くなるように。大事なのは一人ひとりがどう学び、どう変わっていくかに尽きると思います。

差別は人間集団を知る上で多くのヒントを与えてくれる一つの徴候です。自分の差別意識を考え、過去に自分が差別とどう関わってきたかを振り返り、その意味を探る。この本がそんなきっかけになってくれたらと願っています。

目次

本書内には、今日の人権意識に照らして不適切な言葉や表現がありますが、当時の時代背景を鑑み、原文のままとしました。

図版作成・章扉デザイン／ＭＯＴＨＥＲ
章扉写真（第６章除く）／藤原章生

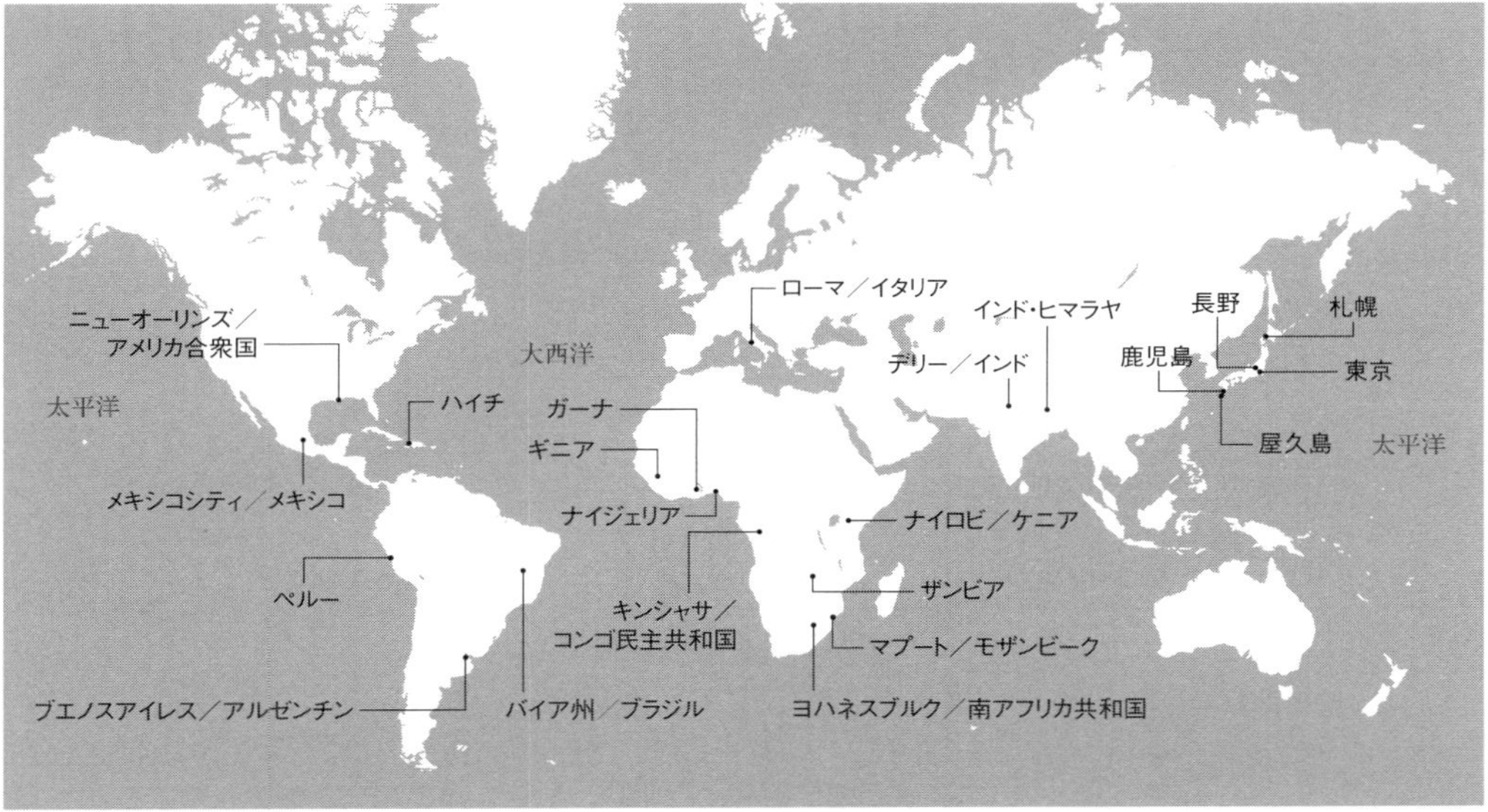

本書に登場する、著者が差別を考えた土地・場所

第1章
死にかけた人は差別をしないか

加藤典洋《のりひろ》さんとの共鳴

最初に「死と差別」というテーマで話します。紹介したいのは私の中に湧いてきた「死にかけた人は差別をしなくなる」という考えです。2019年ごろから、自分や人が死にかける体験についての文章を書いているとき、そう考えるに至ったのです。

本題の前に文芸評論家、加藤典洋さん（1948～2019年）の話をします。2019年5月16日に亡くなった方で、団塊の世代です。1968年から69年にかけ、全共闘の学生が東京大学の安田講堂に立てこもりましたが、加藤さんもその中にいました。フランス文学専攻の加藤さんはその後、大学を卒業し、国会図書館に勤めると、交換留学でカナダの大学の東洋文化研究所の図書館に勤めました。帰国後、日本の戦後論をはじめ多くの本を書いてきた方で、その晩年、私は何度かインタビューする機会がありました。

最初に会った直後、加藤さんがこんなメールをくれました。

「お会いして妙に気の合う人だな、楽しいなという気になったのでしたが、こういう人だったのかと思いました。実は私も2011年以降、アガンベンなどを読んでます。そこで書いたものに『人類が永遠に続くのではないとしたら』というものがあるのですが、もしお手元になければお送りしますがいかがでしょうか？　ちょっと読みづらいかもしれませんが、もし読まれなくても、お手元に置いていただければと思います」

　アガンベンは、イタリアの哲学者、ジョルジョ・アガンベンのことです。私はアガンベンに話を聞き、『資本主義の「終わりの始まり」――ギリシャ、イタリアで起きていること』という自著の肝の部分で対話を紹介しています。加藤さんが「妙に気の合う」と書いたのは、アガンベンに興味を持っているという意味で、私に親近感を持ってくれたんですね。

　加藤さんは私より一回り年上ですが、「お手元に置いていただければ」という低姿勢な言葉に頭が下がりました。また、本の間に栞《しおり》があって、そこに「不思議な関心の重なりです」と書いてありました。私と加藤さんは近未来について似たテーマを別の角度から見ていたのです。

　少し脇道に逸《そ》れます。カズオ・イシグロという作家をみなさんご存じだと思いますが、私は彼の『日の名残り』という作品が好きです。できれば原文の英語で読んでほしいのですが、主人公スティーブンスが使う英語が本当に素晴らしい。そのカズオ・イシグロに『わたしを離さないで』という作品があり、日本でもテレビドラマになり、アメリカでは映画になりました。原題は“NEVER LET ME GO”です。

　物語はこうです。若い主人公たちは小さいころから森の中の大きな屋敷に住んでいます。だんだんとわかってくるんですが、みな実はクローン技術で生まれた子供たちで、彼らは大人になったら臓器移植のために使われる材料なんです。

クローンといっても見たところ普通の人間と一緒で、一通り臓器を提供させられたら死んでいく。そういうことが主人公たちにも読者にも次第にわかってきます。先生が突然泣き出したり、クローンの子供の中にもすごくオリジナリティーあふれる絵を描く子がいて、クローンがそんな独創性を出せるはずがない、おかしいじゃないか、といった議論も起きます。よくある小説やかつてのハリウッド映画なら、そこでクローンの若者たちが反乱を起こしそうなので、ハラハラしながら読んでいくわけです。

ところが、全然そうはならない。みなとても静かに死んでいく。それについて加藤典洋さんは亡くなる1年半前、私にこう言いました。

「この小説の主人公たちのあり方は欧米的ではなく、日本的ですよね」

実際、エッセイなどでも加藤さんはそう書いていました。それに対し私は「いや、違うんじゃないでしょうか」と別の意見を言いました。

「登場人物たちの気質やふるまいは日本的というのではなく、時代の、2000年代の若者たち、あるいは思春期の子たちのムードを象徴しているんじゃないでしょうか」

あのころの空気を思い出してほしいのですが、あの作品は日本だけではなく世紀が変わる時代のムードを書いているのではないかということです。反乱を起こしたり、革命を目指したり、政府を転覆させて社会を変えてやろうと試みても、どうにもならないとみなが薄々わかっている。かと言って、内部で抵抗していくということもなく、静かに与えられた自分の運命を受け入れる。そういう時代のムードを反映していると私は感じたので、加藤さんに反論しました。するると、加藤さんの反応がとても良かったのです。

「そうそうそう、別に日本人っていう枠の中に閉じ込めているっていう感じじゃないんだよね。そういうふうに考えちゃうと逆に面白くなくて、ちょっとイシグロの世界を狭めちゃう気がするね」

即座にそう答えたんです。私はその反応が素晴らしいと思いました。人は偉くなったり年をとると自分の考えが正しいと思い込んだり、相手と競ってみたり、若い人はわかっていないと思ったりしがちです。でも、相手の意見が面白いと感じれば、すぐに自分の考えを改める。その柔軟さに感服しました。

別の機会に加藤さんは考え込むような顔でこう言いました。

「僕はね、この歳《とし》になって思うんですけど、自分は本当にずれてるなと思うんですよ。いや、もう日本社会で、すごくずれている感じがして。若いころもそう感じてたんですけど、歳をとってますますそれが強くなりますね」

なぜそういうことを言われたのか、聞き返してわかりました。

日本では、インタビュアーが反論などしません。だけど、パッと反論すれば、それを機にキャッチボールみたいなおしゃべりになる。そういう対話は、彼が住んでいたカナダやのちに短期留学したアメリカでは当たり前のことです。だから、彼はどんな偉い人とでも、物怖《ものお》じせず会話をしてきたそうです。加藤さんは私と話をする中で、それを思い出したと言うんです。

日本の場合、肩書きで人を判断する傾向が強く、相手と自分との関係を利害などで考えるようになります。「それがかったるくてやっていられない」と加藤さんは言っていました。それが「自分はずれている」ということなんです。

そのずれ方が加藤さんの人生のいろいろなところに出てきます。彼の周りの日本人の多くは、人とのつながり方にしてもまず枠から入っていく。例えば、「この人は○○県出身で、○○高校から○○大学法学部を出て」と属性から判断して相手を見たり、3人兄弟の2番目とか、お父さんの収入がいくらだとか、そういう感じで品定めして、そこからコミュニケーションが始まっていく。すると、パッと見て、直感的な印象から入っていくことができない。そういう日本社会に加藤典洋さんは結構いらついていました。

人間はいつ死ぬかわからない？

前置きはこの辺にして、彼の本『人類が永遠に続くのではないとしたら』の話に移ります。人類は永遠に続きませんよね。あと数万年、いやもっと早くか、いずれにしても絶滅します。だけど、人間の有限性など普段は考えません。人類のことより自分のことですね。では、自分はどうかというと、当然ながら有限です。

人はいずれ死にます。当たり前ですね。でも、そのことを日々考えてはいません。例えば私の場合、年齢が60歳近いので、生きてもあと20年か30年です。90歳まで生きるとして、あと30年です。22世紀を見ることはできません。

一時、「2000万円問題」という話題がニュースを賑《にぎ》わせました。財務大臣が、老後資金として2000万円を持てと言って批判されましたが、あれも変な話です。年金以外に月々5万円を使うとして年に60万円。10年で600万円かかります。余生があと30年近くあるとしたら、2000万円は必要という計算ですが、みながみな、30年も生きるなんてわからないですよね。2000万円をせっかく貯《た》めたのに、明日死んだらどうするの、といった考え方もあります。それならいま、2000万円を使ったほうが良いと。なのに30年生きるのを前提にして、2000万円を貯めておけというのは、単に国民に貯蓄を無理強いしているとしか思えません。20歳の人より私のほうが先に死ぬでしょうが、その人がもしかしたら来年死ぬかもしれない。でも、そんなことはないと思ってみな生きているわけです。有限だとわかっていても、そう思っていないのが人間なんです。ですから、加藤さんの本のタイトル『人類が永遠に続くのではないとしたら』は矛盾を含みながらも、まともなことを言っているのです。

多くの人が考えている未来は、明日かせいぜい1週間先くらい。それも、自分と家族、恋人など周辺の人の未来だと、本は語っています。ところが、中には、世界全体の人たちの50年先を考えている人たちもいます。1972年に出版された『成長の限界——ローマ・クラブ「人類の危機」レポート』という本があります。ローマ・クラブという賢人会議がスーパーコンピューターを使って未来を予測したベストセラー本です。ドネラ・H・メドウズというアメリカの環境科学者が主席筆者で、産業革命からの経済成長はほどなくピークを迎え人類は衰退に向かうと力説しています。

ところが、多くの人は、読んだ直後は「大変だな」と思うんですが、日が経《た》てばさほど気にならなくなる。新聞も暗い世相を書いていますが、私も含め多くの人は紙をつまんでページをめくったら、もう忘れている。『成長の限界』の著者たちはのちに出版された改訂版で、それはみなが愚かだからといったニュアンスで大衆を批判しています。大衆の多くは日々、自分の家族の1週間先くらいしか考えていない、と。

貼りついた記憶が気持ちをつくる

果たしてそうなのか、人は遠い未来を考えないのかと、疑問を抱いたのが加藤典洋さんです。私も似たようなことを考えたことがありました。

南アフリカに暮らしていた1999年の12月、すぐ隣の旧ポルトガル領モザンビークに行きました。大統領選の取材でマプートという首都にいて、タクシーに乗っていたときのことです。交差点で車が止まるたびに物乞いが集まってきました。その中の一人に白人の青年がいました。20歳、いや、もっと若かったかもしれません。アフリカですからほとんどの人は黒人です。私は白人の彼を車の中から見ていました。渋滞の路上で、その青年が物乞いをしている。珍しいなと思っていると、青年の腕の手首から先がなかったのです。切断面が丸くなっているからずいぶん前に切れたものです。理由はわかりません。地雷か、小児麻痺《まひ》か。彼はその手を見せながら車に乗る人たちにお金を求めている。それで、誰かが小銭を渡すと、彼は別の車のほうへ歩いていく。その姿を鮮明に覚えています。

大統領のインタビュー記事も、モザンビークの街のルポルタージュも日本の新聞社は関心がなく、小さな記事にしかなりませんでした。私自身も何を書いたかはっきりと覚えていませんが、その青年の姿は忘れられないものとなりました。

そのころ私はヨハネスブルクにすでに4年あまり暮らし、そのまま居続けようと考えていました。フリーになって日本語と英語で原稿を書いていくつもりでした。当時、私の長男は8歳で、ヨハネスブルクの私立学校に通っていました。実は、その前、家の近くの別の学校にいたんですが、幼稚園から小学校に上がるときの「スクール・レディネス・テスト」に落ちてしまったんです。校長に直談判《じかだんぱん》したら、「落ち着きがない、きちんと座って授業を受けられない」などと言うので、こちらも「それを教育するのがあなた方だろう」と食い下がったのですが、「とにかくダメだ」と言うので、校長と私はちょっとした口論になって、結局、学校を去らざるを得なかったのです。

探してみると、ディスレクシア（発達性読み書き障害）をはじめとする学習障害や自閉スペクトラム症の子ばかりを受け入れている学校があり、息子はそこに収まりました。成長過程で少し目立つ程度の違いだったとは思うんですが、明確な診断はありませんでした。ただ、彼は彼で自分がなぜそこに置かれているのか、冷静に見ていました。私もそうでしたが、子供は自分の周囲の世界を結構批評的に見るものです。

彼は短期間でしたがストレスを感じていたのか、一度だけですが、赤ちゃん帰りというのか、ショッピングモールでいきなり寝転んでワーっと泣いたことがあったんです。一人目の子、つまり親としてまだ子育てに慣れていないこともあって、こちらも長男のことを常に注視し、学校選びから送り迎え、先生との連携まで力を入れていました。そんな彼が新しい学校の環境に慣れたころ、私はモザンビークで、先ほど話した青年を目にしたのです。手のない青年の顔をちらっと見ただけなのですが、私はその表情をいまでもはっきりと覚えています。

物乞いの青年はボロボロの着古したTシャツと半ズボン姿で歩いていました。彼を目にした瞬間、彼とはまったく関係ない息子の将来に私の考えは飛んだのです。

ここから先は妄想ですが、モザンビークのタクシーの中で瞬時にこんなことを想像しました。

ポルトガルは15世紀にエンリケ航海王子（1394～1460年）が海の向こうを見てこいと、家臣の者たちを旅立たせた。地球が丸いとはまだ誰も思っていない、海のへりが滝みたいに落ちていると思われていた時代、コロンブスが新大陸に到達する前に、アフリカの西側の沿岸をずっと回って、さらに喜望峰を回って、モザンビークまで行って、そこを自分の土地にした。

その地で何百年にもわたり生き、死んできたポルトガル人ら欧州人の末裔《まつえい》として、あの青年はたまたまあの街にいたのだろうか。モザンビーク人なのに、見たところアフリカ人じゃない。だけど、内面は完全にアフリカ人かもしれない。そんな彼がそこに立たされている。もしかしたら彼はサラザール（1889〜1970年）というポルトガルの独裁者の時代に逃げてきた農民の末裔で、その2世か3世かもしれない。

いろいろなことが考えられるのですが、そのとき、なぜ彼の姿が私の心に強く刺さったのかを考えてみると、そこに自分の息子の人生が重なって見えたからではないか。自分の息子がそうなることなどあり得ないのに、8歳の息子の生涯を思い、自分の中で一瞬にして妄想が膨らんだのです。

あるとき、南アフリカで暴動が起きる（私自身、ザイール＝現・コンゴ民主共和国で暴動に巻き込まれたことがありますので、その恐ろしさを知っていました）。暴動で自分は殺され、妻も殺され、子供だけが残ってしまう。そのとき、日本人だからと誰かが救ってくれるかもしれないが、誘拐されそのままどこかに消えてしまう……。

全然リアリティーがないのに、自分の中では十分、現実味があるんです。息子が大人になったころ、少なくとも15年、20年先を私は一瞬にして想像し、心配したのです。

つまり、大衆は日々、明日か数日先のことだけを考えて生きているわけではないということです。子供を通して、その子の未来を常に眺めているのです。そして、自分はいつか死ぬことを知っている。「死を思え」「メメント・モリ」などと言いますけど、自分の死をどのように考えるかとは、死んだあとに残った者についてどう考えるかということです。

普段は考えていないのに、何かをきっかけに考えるわけです。それで、次の日になると忘れる。しかし、私はそのとき、青年の悲しげな顔を見てしまった。もしかしたら、青年はただ「お腹《なか》が空《す》いたな」くらいしか考えていなかったのかもしれません。「きょうも結構いい売り上げだな、あとでなんか食おう」と思っていたのかもしれません。でも、そのとき以来、彼を見たときの苦しい気持ちがずっと自分の心の中に貼りついているのです。

そのときはそれで終わり、私はその後、アフリカを離れ、息子はいま、南米のチリで暮らしています。結果的にひどい目に遭わずに済みました。それは事実としてあるのですが、手首から先がない青年の姿を見たときの気持ちは、一体なんなのだろうということです。

気持ちは気持ちです。なのに、ずっと残っている。それはどういうことか。

結局そういう気持ちをどれだけ積み重ねてきているかで、個人の心がつくられていくのではないか。そんなことを加藤作品を読んで私は思いました。

人間は有限であると気づくことがもたらす変化

先ほど言いました「メメント・モリ」という言葉は、「死を思え」というラテン語で、いろいろな本のタイトルになっています。語源ははっきりしないのですが、この言葉のあとに「カルペ・ディエム」、「いまを楽しめ」という言葉が続き、つなげると、「死を思え、そしていまを楽しめ」となります。食べ、飲め、そして陽気になろう。我々はどうせ明日死ぬんだから。たまたまここにいる時間を楽しもうというニュアンスのようです。

そこでウディ・アレンの映画『アニー・ホール』（1977年）を思い出しました。大学生のときに初めて見た恋愛映画です。その中にこんな場面があります。主人公が少年時代、生きていてもしょうがないと言い出し、母親が医者に相談する短いシーンです。

この子が《ふさぎこんで何もしないんです》と母親がこぼし、医者が話を聞くと少年は《宇宙は膨張する》と言います。いつか破裂するのなら、生きていても意味がない、みたいなことをブツブツと言うわけです。すると、医者はたばこを手に、こう言うんです。《破裂するには何十億年もかかる。それまでは楽しまなきゃ》。このセリフで場面が終わります。

加藤典洋さんは『人類が永遠に続くのではないとしたら』の中でこんなことを言っています。

人類が有限である以上、何かをしなくてはいけない。近い将来、我々がいま生きている社会のシステムは立ち行かなくなる。それをみんな薄々わかっていても、いまを楽しめと無視していては何の解決にもならない。多くの人が、人類は有限だと身をもって気づくようになったとき、何かが変わる。

それは、「脱成長」といったことではない。脱成長は、成長しない中で新たな生き方を模索するという考えですが、それだけではなく、個々の人間関係も大きく変わるのではないかと加藤さんは言いたかったのだと思います。人類の有限性を、個人の有限性に置き換えてみると、人は必ず死ぬということです。みな、無限には生きられない。いつか死ぬわけです。頭でそうわかっていても、あくまでも想像であって、実感するには死にかける体験が契機になります。

死にかけると人間はどうなる?

加藤さんの言う「人類は有限だと身をもって気づく」ことの「人類」を「自分」に置き換えて考えてみましょう。つまり、自分は死ぬと身をもって気づくとはどういうことか。その一つに死にかける体験があります。死にかけると、人はどうなるのでしょうか。

『MERU/メルー』(2015年)というドキュメンタリー映画があります。インド・ヒマラヤを舞台にした作品で、優れた山岳映画です。そのアメリカ人の監督、ジミー・チンさんが日本に来たとき、話を聞きました。

メルーはヒマラヤの鋭い岩壁の山です。そこにチンさんら3人の登山家が挑む映画です。チンさん自身、山で何度か死にかけているので、死に近づいたときの感覚を彼に聞きました。その際、彼は「死に近づくのは非常にヘルシーだ」と言ったので、その言葉に私は少し驚きました。

ヘルシーは健康的と訳されますが、とても正常なことといったニュアンスです。死ぬかもしれないと思っている自分はすごくまともだと言っているのです。そして「その感覚は人生に役に立つ」と言いました。

どう役に立つのかを聞きますと、彼はこんなことを言いました。本当に死に近づくと、その経験はのちのちも鮮明に思い出され、濃い記憶になっていく。先ほど私は、モザンビークの物乞いの青年の記憶について、私の心の中に「貼りついている」という表現を使いましたが、それと似た感覚です。ジミー・チンさんの言い方ですと「死にかけた体験をすると、普通に生きている日々がものすごく貴重に思える」ということです。どんな場面でそう思うかと聞くと「家族であったり、友達であったり、とにかくそういう連中たちと普通に一緒にいる瞬間がとてつもなく貴重に感じられる」と。

ジミー・チンさんの言葉と加藤さんの言葉は見事に符合します。一方は人類全体、もう一方は自分自身のことですが、同じことを言っているのです。

「死にかけた人は差別をしなくなる」という仮説

ここで私の考えに戻ります。「死にかけた人は差別をしなくなる」という考えです。

みなさんの中には、大病で死にかけた人がいるかもしれません。そういう体験をした人は差別をしなくなるのか。なかなか簡単には断定できません。そうかもしれないし、そうでないかもしれない。人によるかもしれない。

先に少し触れましたが、私は加藤さんの本を読む前、死についての原稿を書いていました。そのとき、この仮説が浮かんできたのです。のちに加藤さんの訃報を書く際、私はこの話を文芸評論家の神山睦美《かみやまむつみ》さんにインタビューでぶつけてみました。

神山さんは加藤さんの友人で、学部は違うのですがいずれも東大でフランス文学を専攻し、全共闘運動にも関わりました。神山さんは72年に起きた連合赤軍のあさま山荘事件に彼自身が加わっていてもおかしくない立場でした。そこから逃れ、大学を2年留年し卒業しましたが、

「大学解体」を叫んだ手前、研究室には残らず、塾の先生などをしながら文芸評論をしてきました。

私が神山さんに死と差別について聞きますと彼はこう答えました。

「人は一度でも死にかけると、あるいは本気で死を考えると、差別やいじめ、それから人間関係の中で抑圧的な立場に立つということが一切なくなります。逆に被害に遭っている人に手を差しのべるようになります」

もちろん例外もあるでしょうが、そういう傾向があるということです。

実際、若いころの輸血で肝炎になり、病床で何度か死にかけた経験を持つ神山さんはこう続けました。

「死にかけた者はある境地に達すると思います。アドルフ・ヒトラーでさえ、自殺の直前に至ったときは、もはやユダヤ人に対する差別的な思いなど一切消えていたと思います。その点で言えば、どんな極悪人も救われる。コンパッション（共感）の深い人は死に近づくことで、その気持ちが内側から出てくる。極悪人でもこの世から去っていくときは、自然とそういう心が湧いてくるんです」

生など儚《はかな》いものだと身をもってわかった人は、差別などにかまけてはいられなくなる。そういうことだと私は受け止めました。

9・11に遭遇した先輩記者の本心

もう一つ、お聞かせしたいのが、毎日新聞の私の先輩だった故人、上村幸治《かみむらこうじ》さんの話です。私よりちょっと年上で中国が専門の記者でした。『周恩来秘録――党機密文書は語る（上・下）』（高文謙、上村幸治訳、文藝春秋、２００７年）を翻訳し、『中国　権力核心』（文藝春秋、２０００年）や『中国のいまがわかる本』（岩波ジュニア新書、２００６年）などを書いた人です。残念ながら２０１３年元旦、54歳の年に筋萎縮性側索硬化症（ＡＬＳ）で亡くなりました。上村さんは２００１年９月11日のアメリカ同時多発テロのとき、ニューヨーク特派員として現場に居合わせた人です。ちょっと長いんですが、その彼が新聞に書いた原稿を紹介します。

《ニューヨークの世界貿易センタービルに飛行機が突っ込んだ直後、近くに住む私は、すぐに現場に駆けつけた。黒煙がもくもくと噴き上がり、首を大きくそらさないと上の方が見えなかった。

ビルの方角から逃げてきた若い白人女性は「ヒーヒー」とひきつったような声を出しながら嗚咽《おえつ》し、スーツを血に染めた中年の白人ビジネスマンは、友人の肩にもたれたまま目を伏せていた。

だれも大きな声を上げず、うちひしがれた動物のように弱々しくみえた。「飛行機がぶつかるのを見た」「すごい煙だった」。途切れ途切れに話し、安全を求めてさらに現場から離れていった。

衝突から1時間半ほどたった午前10時半過ぎ、第1ビル（北タワー）の巨大な腹部が、中ほどからずり落ちるようにして崩れた。火砕流のような灰黒色の土煙がむくむくと空に舞い上がり、すぐに激しい勢いでこちらに迫ってきた。

反射的に逃げ出し、ハドソン川沿いのウエストストリートを北へと走った。警官と救急隊員に挟まれながら、やみくもに駆けた。途中、立ちすくむ住民に左手を挙げ「逃げろ」と大声で叫ぶと、相手も顔をひきつらせながら一緒に走り出した。

200メートルほど走り、大きなビルの陰に走り込んだ。汗がどっと噴き出し、ハンカチがぐっしょりぬれた。一緒に逃げた救急隊員は、ほんの少し遅れただけで土煙を全身に浴び、頭のてっぺんから足の先まで、真っ白になっていた。「300人の消防士が逃げ遅れて生き埋めになった」と聞いたのは、ずっと後のことだ。

逃げ延びた後、「パニックが起きるかもしれない」と思い、東京へ連絡しようとしたら、腰のベルトにかけていた携帯電話が見つからない。逃げる途中に落としたらしい。

土煙の中に戻ろうとしたら、警官が「どこに行くんだ」という。「携帯電話を探す」と叫んだら、警官はそれ以上の大声で「フォゲット（忘れろ）」と叫び返した。今から考えると、やはり気が動転していたのかもしれない。警官のひと声で我に返ったように思う。

全身血まみれで放心状態の女性や、通りに転がるちぎれた手首、割れた窓から次々に落ちる人の姿は、後になって米メディアで知った。どんどん残酷な光景が紹介され、国民の前に突きつけられた。

不意打ちをくらって精神的にも打ちのめされた住民は、しばらく立ち上がれないのではないか。世界最大の都市もさすがに1カ月ほどは動かないのではないかと思った。

しかし、現場周辺以外は2日後には生活に困らなくなり、1週間近くたった現在、基本的には平常の状況に戻っている。結局、水やパンを買いだめする必要もなかった。

とは言え、マンハッタンの主要ビルは、いまも厳戒下にあって、たとえば建物に入る度にカバンの中を調べられる。そうしたとき、ふいに言いようのない恐ろしさに襲われることがある。

相手の姿が見えず、いつどこで何をしかけられるのか分からない、というのは想像以上につらく、精神的にとてもこたえる。そうしたテロの恐怖に、米国民はこれからずっとつきあっていかねばならなくなった。なんと過酷な話だろう。

もちろん「米国民はそんなに弱くない、テロリストへの怒りと憎しみをバネに、恐怖を克服する」という見方もあるだろう。国民はすでに、とてつもないコストのかかる長い長い戦争に足を踏み入れたことを、覚悟しているようにも思える。

だから、がれきを掘り返している救助隊員や消防隊員までが、視察に訪れたブッシュ大統領の前で「USA（米国）、USA」と叫び、愛国心を誇示したのだろう。

しかし、あまりに凄惨《せいさん》な現場を直接見てしまった市民は、次に「敵側」の町や施設が破壊され、人間が殺されていく姿をみて、本当に心から快哉《かいさい》を叫べるのだろうか。

私個人は正直言って、もう人が死んだり、建物が壊されるところを見るのはこりごりだ。そうしたことから目をそむけても問題が解決するわけはないし、テロを許そうなどとも絶対に思わない。

しかし、これからの戦いに仮に勝っても、米国民——少なくとも現場で直接テロを体験したニューヨークの人たちは、苦い思いの中で勝利をかみしめるのではないか。彼ら彼女らが、素直な喜びにひたれる日は、もう来ないのではないかと思う》

一気に書いた、勢いのある原稿です。新聞原稿の良さはこのように、バッと見て感じたことをすぐに書くところです。記者にはそういう場面が結構あります。ルポルタージュはまさにそうですが、気持ちがそのまま文字に表れる。週刊誌、月刊誌の原稿とも違います。ましてや、振り返り、落ち着いた気持ちで書く本の原稿とはまったく違う臨場感があり、声に出して読みますと、上村さんの思いがほとばしるようです。

大変な事態に巻き込まれると、人の気持ちがどこか変わる。それが、《私個人は正直言って、もう人が死んだり、建物が壊されるところを見るのはこりごりだ》という言葉に表れています。普段、心の底にあるのか、それとも新たに芽生えるのか。こんな本心が出てくるのです。

時とともに忘れてしまうこともありますが、少なくとも、そんな経験をしたときの気持ちがずっと貼りついているところが、人にはあると思います。

爆破テロに遭った青年の言葉

似た話を紹介します。私が南アフリカに住んでいた1998年8月、ケニアの首都ナイロビで爆破テロがあり、アメリカ大使館が吹き飛ばされました。車爆弾で大使館ビルが大破し、その周辺にいた218人（当時）が死に、5000人以上が負傷しました。イスラム原理主義組織アルカイダによるテロが始まったころで、私はヨハネスブルクから飛んでいきました。ニューヨークのアメリカ同時多発テロの3年前のことです。

最初に爆破現場を見て、病院に行きました。国立病院はまさに「阿鼻叫喚《あびきょうかん》」の状態で、「ジャーナリストだ」と言うと、文句なく通してくれました。どんどん中に入り奥に行くと、死体が放置されていました。私は生き残った人の目撃証言を取るのに必死で、誰かいないかと探していたら、あたりにいた人が「あそこの病棟にいる」と連れていってくれ、病室をのぞいたら、「どうぞ」と入れてくれました。

部屋では大柄な男性がベッドに寝ていて、その周りを友達4人が取り囲み、カトリックの祈りを捧《ささ》げているところでした。患者は若く、顔中に直径5ミリほどの小さな穴が数え切れないほど空いていました。爆破で飛んできたガラス片が突き刺さったのです。それをほぼ抜き去ったあとでしたが、血が流れていました。顔全面が細かな傷口だらけで腫れていて、両手、両脚も骨折して立てない状態で包帯が身体《からだ》中に巻かれていました。顔だけは一応患部を乾かすため、ガーゼや包帯がなく、むき出しのままでした。

アメリカ大使館を警護していたケニアの警備会社に勤めるエノク・モエンガさんという22歳の男性でした。私は彼を目にしたとき、「うわっ」と自分自身の顔が痛くなる感覚に襲われました。それでも、「どうですか、大丈夫ですか?」と聞いていくわけです。それで、「はい、大丈夫です」と言うので「何を見たのか、教えてほしい」と聞いたら、声はかすれてはいましたが、しっかりした口調の英語でこう答えました。当時のメモの一部を再現し訳します。

「いつものように午前7時に出社し市内のビルの部下20人を見回ったあと、バスに乗ると、銃の連射音が聞こえました。アメリカ大使館の地下駐車場の入り口近くに白い小型トラックが停車し、一人が自動小銃で大使館側に、もう一人が高層ビルに向けて撃っていました。映画を観《み》ているような気分で、何かのショーかと思ったほどです。一人が我々のほうに銃を向け、私の右前に座っていた男性と、運転手が弾を受けたのか、がくんと倒れました。見ると二人とも、シャツの胸を真っ赤にしていました。直後に見たこともないような光を見ました。窓の外を見ていた私は激しい爆発音とともにガラスを顔や身体に浴び、倒れ込みました」

実際にはこんなに理路整然とではなくて、ゆっくりと話していました。たまらなくなった私は最後に「いま、この状況をどう思っていますか」と聞きました。「許せない」とか、「なんで自分がこんな目に遭わねばならないのか」とか、「テロリストが憎い」とか、「アメリカのせいでこんな目に遭ってしまった」とか、そんなことを言うだろうと思っていました。すると、彼はまったく逆のことを言ったんです。

「きょう、鏡で自分の顔を見ながら泣きました。でも、いまはすべての人に同情できる気がします。ひどい目に遭い、障害を持つことは長く自分にとっては人ごとでした。でもいまの私はそうした人に親近感を覚えるし、自分にも生きている意味があるんだとわかりました。こういうことがなければ、自分はそれまでのように悪い人間だったかもしれません。いまは自分がいい人間になれる気がします」

私はその言葉に驚き心を動かされました。

それから何カ月かして、再び彼を訪ねると仕事に復帰していました。また、同じことを聞いたのですが、最初に語った思いは変わっていないと言っていました。

上村さんとケニア人男性には共通した点があります。壮絶な経験をした人は達観した目で世界を見、自分が生きている意味を前向きに捉えるようになる、というところです。

識者たちの事例

こうした事例は他にもあります。例えば、南米ペルーのアマゾン地域で密林の保護活動をしている生物学者にジュリアン・ディレルというドイツ人女性がいます。

１９７１年のクリスマスイブ、17歳の彼女は当時両親と暮らしていたペルーで国内線の飛行機事故に遭い、座席ごと空中に放り出され、３０００メートルも上空からアマゾンの密林へ墜落します。90人ほどの乗客乗員は死亡し、彼女だけが助かりました。隣の席にいた母も恐怖の叫び声を上げ、結果的に亡くなったのです。

座席ごと落ちたのと、密林の木や地面の厚い草が衝撃を吸収したのが幸いしたのですが、奇跡としか言えない出来事でした。

2021年6月23日付の「ニューヨーク・タイムズ」で彼女はこう話しています。擦《かす》り傷ですんだ彼女は密林からたった一人で脱出をはかります。助けを求め11日間も歩き通したときの気持ちを彼女はこう振り返っています。

〈私は自分に約束しました。もし私が生き続けられるなら、私は自分の人生を自然と人類のための意味のあることに捧げると誓ったのです〉（〈 〉内著者抄訳、以下同）

事故から40年が経った2011年になって彼女は初めて、『私が空から落ちたとき』という回想録で当時の様子を詳しく書いています。誓いの通り、事故を機に、自分を生かしてくれたジャングルの保護に尽力し、現在に至っています。

次に紹介するのはジル・ボルト・テイラーというアメリカの脳神経学者です。脳梗塞患者の予後の脳の変化を研究するエキスパートですが、彼女自身が同じ病を経験しています。

同じ「ニューヨーク・タイムズ」の2022年10月26日付紙面にあった彼女のコラムが私の

目を引きました。

〈私は脳損傷を受けた患者に接する際、その人がどのような能力を失ったかということに着目しない。むしろ私が驚かされるのは、脳を侵された経験を通して得たかもしれない、その人の洞察力だ〉

〈人がどのような人生を歩むかを選ぶ上で、脳神経の外傷や瀕死《ひんし》体験ほど大きなインパクトを与えるものはまずない〉

〈私自身、自分の脳梗塞とその回復を経て、以前よりもはるかに人に同情し、共感できる人間になれた。おそらく、それは私一人だけのことではないはずだ〉

死にかける体験や、突然の脳梗塞が実際にどういうメカニズムで人を変えるのか。解明されたわけではありませんが、そこに注目している脳神経学者がいるのです。

批評家の吉本隆明さんに生前、瀕死体験について駒込のご自宅でインタビューをしたことがありました。

というのも、吉本さんは1996年夏、西伊豆の海岸で溺れて意識を失くし、一命をとりとめたことがあったからです。ご本人は「まだ、自分は死の意味をよくわかっていない」とおっしゃっていましたが、著書『新・死の位相学』の冒頭に事故後の入院メモがあり、こんな文章に私は引きつけられました。

《漱石が修善寺の大患のことにふれて、じぶんはこの世間を全部敵のようにみなす嶮《けわ》しい気持で生活してきたが、世間はじぶんがかんがえているほど嶮しくも、敵対的でもなく、善意な温いところかも知れないと思いなおしたといった意味のことを述べている。この偉大な文学者を連想に連れ出すのはおこがましいが、「伊豆」ということから修善寺がうかんだので、敢《あ》えて言わしてもらうと、わたしもこん度の溺体の体験で、肉親、近親から知人、未知の読者の反応の感じから、おなじことを言いたい気持がしないではない》

私が聞いたときもそうでしたが、当時80歳の吉本さんはそうはなかなか言い切れないという姿勢でした。メモはこう続きます。

《しかしそう言ってしまえば、世間というのはひどいもんだと、身を固くして抗ってきた度々の、あまりひとには言えないじぶんの敵対感に済まない気がする。だから言わないことにする。だがこれを言わないとひどく心が痛むことも確かだ。(善意、悪意の表出された雰囲気には幾段階がある)。無償ということの重要さ》

瀕死体験で吉本さんが変わったとは言えませんが、何かを感じたのは確かです。

本の中で吉本さんはフランスの哲学者、モーリス・ブランショの本『文学空間』を引用しながら、瀕死と死の意味を探っています。「内在」という言葉が使われているのでわかりづらいので、私なりにやさしい言葉にしますとこういうことです。

理想の社会とは、ルールや考えなど外から与えられるものではなく、一人ひとりの頭の中でつくられるものだ。

他人や社会から完全に独立した個人が、自分は必ず死ぬということを知識としてではなく、自分の内面から湧き上がる形でつかみとったとき、その人は初めて「平等性を実現する存在」になる。

ブランショはこう言っていると吉本さんは解釈し書いているわけです。

この「平等性」というのは、平等に死ぬという意味ではなく、ブランショの言葉を使えば「人間の欲求の平等さ」を実現させるという意味です。お題目を唱えてもダメだ。一人ひとりが自分は死ぬ存在なんだということをつかみとれば、その人たちは平等さを推し進めることができる。そういう意味だと私は受け止めました。

「死にかけた人は差別しなくなる」という私の直感に通じる話だと思い、識者たちの事例をいくつか紹介しました。

例外はいくらでもあるでしょう。そもそも、どこまでが死にかけたことになるのか、その定義も曖昧です。でも、それに近い感覚を抱く人は哲学、神経学など、分野を問わず、かなりいるのです。

瀕死体験がもたらす恥ずかしさ

死にかける、あるいは死にそうになると、いたたまれないような恥ずかしさを覚えることがあります。自分がそうでした。

私は大学時代、山岳部に所属し、いまもよく登山に出かけるのですが、13歳の夏に海で溺死しかけ、23歳の秋にインド・ヒマラヤで、そして27歳の秋、屋久島の沢で死にかける体験をしました。その話は『ぶらっとヒマラヤ』という本で書きましたのでここでは詳しくは言いませんが、屋久島のケースが苛烈でした。両手でザイルを握りしめ、数十メートル下の沢底に墜落しそうになったのです。最後は力尽きて、落ちる寸前、すぐ脇の木に向かって必死に体を揺らしたところ、その木の枝にザックが引っかかって助かったのです。死を覚悟する5分ほどの恐怖の時間でした。

こうして死にかけると、その直後、すごく恥ずかしい気持ちになるのです。あまりに恥ずかしくて、その経験を人に言えない。実際、家族ともその話をしないし、友達にも言えないままでした。ところが、20年ほどがすぎた40代のころ、ある対話の中で唐突に瀕死の体験がよみがえり、そのときの感覚をつぶさに思い出しました。それ以来、あれはなんだったのかと考えるようになりました。

そんなあるとき、詩人のまど・みちおさんにインタビューをする機会があり、話の流れで私は自分の死にかけた体験を話しました。まどさんの詩に、私の体験を思い出させるものがあったからです。『頭と足』という詩です。短いので紹介します。

頭と足　　　まど・みちお

生きものが　立っているとき
その頭は　きっと
宇宙のはてを　ゆびさしています
なんおくまんの　生きものが
なんおくまんの　所に

立っていたと　しても…

針山に　さされた
まち針たちの　つまみのように
めいめいに　はなればなれに
宇宙のはての　ぼうぼうを…

けれども　そのときにも
足だけは
みんな　地球の　おなじ中心を
ゆびさしています
おかあさあん…
と　声かぎり　よんで

まるで

とりかえしの　つかない所へ
とんで行こうとする　頭を
ひきとめて　もらいたいかのように

屋久島で宙づりになり墜落する寸前、死を覚悟し、「これで終わりだ」と諦めたとき、最後の最後に、私は「おかあさーん」と心の中で叫んでしまったのです。そして、偶然木に引っかかり助かった直後、ものすごく恥ずかしくなりました。時間をかけてロープを登り返し、仲間がいるところまで戻ったときも、恥ずかしい気持ちのままでした。仲間が泣きそうな顔で「大丈夫か」と声をかけてきても、「大丈夫だ、先、行こう」とごまかし、墜落しそうになったことは一切話しませんでした。

そのときの気持ちを正直にまどさんに話しました。すると、まどさんは、目を丸くして、こう言いました。

《それは、ごく自然に出ることで、すばらしいことです。恥ずかしいと思うこともまたすばらしくて、いい話です。人間ってそういうものだと思います。人間ってみな同じなんだなと思うと、本当、うれしいですね》

死にかけると恥ずかしい気持ちになる。それについて詩人のまど・みちおさんは「みな同じなんだ」と言いました。それは人に備わった普遍的な現象なんだと。

では、なぜ恥ずかしくなるのか。恐怖に陥りパニック状態になったことが恥ずかしいのか、27歳にもなったいい大人が「おかあさーん」と心の中で言ってしまったことが恥ずかしいのか、いろいろ考えましたが、わからないままでした。

何年も経ってイタリアで取材したジョルジョ・アガンベンの本『アウシュヴィッツの残りのもの――アルシーヴと証人』を読んでいたら、私が知りたいと思っていたことが書いてありました。

ナチスの収容所の生き残りの証言をもとに、過酷な状況に置かれた人々の心理から人間の心身を探る本です。その中に「恥ずかしさ、あるいは主体について」という章があります。そこで彼は、生き残った者がのちに感じる恥の意識だけではなく、死に瀕した人に現れる赤面、恥ずかしさについて書いています。

戦争末期、ドイツ兵は何の秩序も理由もなく収容者を銃殺していました。そんな中、《おまえ、ここに来い》と呼ばれたイタリア人の大学生が殺されました。その一部始終を見ていたフランスの詩人、ロベール・アンテルムの回想録『人類――ブーヘンヴァルトからダッハウ強制収容所へ』の描写をアガンベンがこう紹介しています。
《かれは赤くなった。赤面する前に、自分のまわりを見回したが、指名されたのは自分だった。もはや疑いがなくなったとき、かれは赤くなった》
この証言をもとにアガンベンは論を進めます。
《その赤面の原因がなんであれ、かれが生き残ったために恥じているわけでないことはたしかである。むしろ、どう見ても、かれは、死ななければならないことを恥じている。殺されるのに、ほかの者ではなく自分がでたらめに選ばれたことを恥じている》
死に瀕したときの恥ずかしさについては、フランツ・カフカの小説『審判』でも触れられているとアガンベンは書いています。死刑執行人の小刀が主人公ヨーゼフ・Kの心臓の中を二度回るとき、Kの中に恥ずかしさが生まれるのです。《あたかも、恥ずかしさがかれよりも長く生き残ることになっているかのようだった》と小説にはありますが、その理由には触れていません。
そこでアガンベンはフランスの哲学者、エマニュエル・レヴィナスの「逃走について」という論考を引き、自分の言葉でこう続けます。恥ずかしさは《自己自身とのつながりを断つことの絶対的な無力にもとづいている》《あたかも、わたしたちの意識がどこまでも崩れ、こぼれ出ていきながら、それと同時に、さからえない命令によって、自分の崩壊に、絶対的に自分のものでありながら自分のものでないものに、いやおうなく立ち会うよう呼びつけられているかのようである》

非常に難しい表現で、頭に入ってきにくいのですが、私は、じりじりと死に向かっていった屋久島での体験を振り返りますと、とてもよくわかります。

私なりの言葉でアガンベンの言葉を説明するとこうなります。以下は彼の論全体の流れを読んだ上での私の解釈です。

自分がどうしようもない状態に追い込まれる。もうこのままでは死ぬ、「人生はこんなに短かったのか」「なんでこんなバカなことを」「ああー、終わりだあ！」と心の中で叫んでいる。断末魔、離人症ではないのですが、私はそんな自分の肉体から抜け出したいと思い始める。生き残る術《すべ》をものすごい速さで考えながらも、ロープを握っている手はもう痛くて腕から手まですべてがやけどをしたような状態になっている。この肉体から解放されたい、離れたいと自分の脳、精神は渇望する。自分を捨てて、ここから去りたいと。苦しんでいる自分をそこに捨てて、傍観するかのように、自分から離れていく。でも、決して逃れることはできない。離れようとしても、決して離れられない。その現実に嫌というほど気づかされる。それが恥ずかしさをもたらす。アガンベンはそう言っているのです。

もし魂があるとすれば、魂がボロボロになった肉体から離れたがっているのに、結局は離れられないと気づかされる。そのとき、恥ずかしさに襲われる、ということです。

私が感じた恥ずかしさについてもそれで納得がいきました。自分の肉体からとうてい離れられない現実を知らされ、私は恥ずかしくなったのです。これを前提として、話は差別へ移りますが、その前に恐怖の話を絡めます。

差別と恐怖

死にそうになると誰もがひどい恐怖を感じます。一方、多くの人が、差別は恐怖の副産物だと言っています。以前、NHKのインタビュー番組でオノ・ヨーコさんも自身の被差別体験をもとに、差別は恐怖からくると話していました。ジョン・レノンと結婚したころ、世界中からバッシングを受けていたときにそう思ったそうです。差別の理由は恐怖だけではありませんが、一つのパターンとして、相手が怖いから、あるいは、何か自分の生活が脅かされる不安から特定の集団を差別するのはよくあることです。19世紀後半から20世紀前半にかけてヨーロッパ、のちにアメリカやオーストラリアに広がった黄禍《こうか》論がそうですね。アジア人があらゆる国に入って自分たちの職を奪い、経済を牛耳ってしまうという恐怖です。ユダヤ人が国の経済を操り、自分たちは奴隷扱いとなる、というのも似ていますが、恐怖が差別を生むことは現実にあります。

一方、死にかけるというのは、かなり重い恐怖体験です。その記憶は脳のどこかにずっと貼りついています。恐怖にはレベルがあります。一度でも死に近づくと、次に死にかけたとき、もちろん怖いのですが、少し余裕が出てくるものです。死線をさまようと言いますが、死という線、ラインがあるとしたら、その線のギリギリのところまで行って戻ってくる。でも、まだそのずっと手前だと思えば、余裕でいられるところがあるわけです。恐怖を克服すると言いますが、克服はできません。本当に死ぬ最後の最後はまた苦しむわけです。でも、恐怖はある程度乗り越えられるものならば、恐怖が生み出すもの、すなわち差別する心もある程度は克服できるのではないか。

この考え方は、「死にかけた人は差別をしなくなる」という考えを補強するものと言えます。

恥ずかしさと差別

恥ずかしさと差別との関係に戻ります。

先ほどのアガンベンの言葉に従えば、恥ずかしさは、死にかけているとき、自分を見捨てようとしても、それができないと悟ったときに表れるものです。

もうこんな自分ではいたくない、人間としてこんな苦しい思いをしたくない、自分から離れたいという感覚です。だけど、結局は離れられないと自覚したときに恥ずかしくなる。自分を捨てたい、生きている状態をやめたいというのは、自分を外から傍観している状態です。苦しんでいる自分を見下ろし、自分の意識が自分から離れていく。しかし、そんなことはできないと気づいて、またシュッと自分に戻される。メタ認知などとも呼ばれますが、実際に心身がそんな状態になることがあるのでしょうか。

私自身に起きた事例で考えてみたいと思います。

私はあの宙づりの恐怖のあと、滝をいくつも登って、その晩は沢の源頭に泊まりました。普通に寝て、翌朝早く起きてテントを畳んで、谷の上流部を登り頂上を目指しました。すると両脇でヤクシカがぴょんぴょん跳ねていて、それを見ながら朝靄《あさもや》の中を頂上に立ち、そのまま降りて、海岸にたどり着きました。

そこで、ヒッチハイクをしたら観光客の女性が乗せてくれて、ある岬に着きました。車から降りて、海に浮かぶ船を見ていたらウワーッと一気に涙が出てきたのです。多分、死にかけた後遺症だと思います。

どういうことかと考えてみたのですが、一つはっきり言えるのは「人間はなんて小さいんだ、儚いんだ」ということに気づかされたということです。自分も含めた一人の人間の命など、少し弾《はじ》けばさっと終わる。テレビを消すと一瞬で画面が消えるみたいにシュッと消える。そう感じたのだと思います。そうなると、一人ひとりの違いがどうのこうのとか、属性をもとにした区分け、差別することの無意味さを痛感するはずなんです。先ほどの神山睦美さんのように、そもそもそういう見方をしなくなる、というのが私の考えです。

それに加え、自分から抜け出そうとする体験は、身体を捨て去ろうとすることです。それを経たことで、外見、肌の色、背格好など、つまり肉体そのものにさほどの重きを置かなくなるという面が出てくるのかもしれません。


人間は誰もが死にますが、誰もが死にかける体験をするわけではありません。そんな体験をしなくても、同じ境地に至れる人はいくらでもいます。洞察力、想像力が強い人にとって、そんな体験は必要ないでしょう。瞑想《めいそう》でその境地に行く人もいます。

私は自分自身が人を差別しないなどとは到底思っていません。知らず知らずのうちに差別をしてきたし、これからもするかもしれません。それでも、振り返ってみますと、死にかけた何度かの体験を経て、差別する心が緩み、和らいでいったような気がします。

自分はいつでも変わっていく、ということを念頭に生きていくのが大事だと思います。自分は差別をする人間なのかもしれないと思いつつ、そうじゃない方向にいくこともできるかもしれない。人生の中で、そういう機会はあるのだと思います。

第2章
アジア人の中にあるアジア人差別

「一般論」の弊害

２０２０年３月、所属する新聞社の編集長から「コロナもので何か書いてくれ」と言われ、世相を書きました。新型コロナウイルスの感染拡大でアジア人差別がひどくなると思いましたので、「コロナショック　差別の〝感染力〟ウイルス以上　イタリアで、米国で　噴出するアジア人蔑視」という見出しの記事を書きました。イタリアやアメリカの差別的な出来事を紹介し、さらに状況がひどくなると予測する内容で、その後、現実になりました。これを書いたのは、コロナそのものの疫病学的な話より、社会がどう影響を受けるかに関心があったからです。

書き出しで一般論に触れました。

《一般論は怖い。「中国人は」「大阪人は」「名古屋人は」、あるいは「白人は」「女は」「おっさんは」と属性でひとくくりにするのは、そう語る人自身の過去の残念な体験や、意地の悪さを映し出すだけなのに簡単には改まらない。特にこの新型コロナウイルス禍では、一般論好きの人たちがにわかに元気になり、差別と呼ぶのも恥ずかしいような無知、偏見をさらし始める》

私自身もそうですが、多くの人がこの一般論の罠《わな》にはまりがちです。肯定的な一般論にさほどの害はありません。例えば「イタリア人はおしゃれだ」とか「イタリア人は明るい」など。

実際に暮らしてみるとまったくそんなことはないのですが、そう思われている彼らは得をしています。だけど、否定的な一般論、例えば「大阪人はケチだ」とか、「名古屋人はしつこい」とか、「東京の下町生まれはひねくれている」とか、「いまどきの若者は覇気がない」とか言っても、的外れなケースが多いのです。

こういう一般論はステレオタイプとも呼びますが、それが高じてくると内なる脅威になります。クロード・スティールというアメリカの学者が書いた『ステレオタイプの科学――「社会の刷り込み」は成果にどう影響し、わたしたちは何ができるのか』という本では、それを実験で示しています。実際にそんなことはないのに「女性は高等数学が不得意だ」というステレオタイプがあります。この見方が数学の試験で女子学生に脅威となるのです。特に試験官が「これは男女の能力比較試験です」と告げると、女性の結果が悪くなります。一方、「これは単に計算過程を調べるためのテストです」と、性別に触れないで始めさせると、点数が良くなり男女が逆転する例が結構あるというのです。

テストを受ける女子学生が「女性は数学に弱いというステレオタイプの誤りを示さなければならない」と考え、それがその人を追い込むのです。『ステレオタイプの科学』の舞台は主にアメリカで、「黒人は知性が低い」という古い偏見も取り上げています。テストで計れるような知性は、育った環境や条件でまったく変わってきますから、現実にそんなことはないのに、こうした見方がはびこっている。その結果、黒人学生に英語の試験を受けさせると、ステレオタイプを覆そうと思うあまり、緊張し成績を下げてしまう。

わかったふうな一般論、特に否定的な一般論、ステレオタイプの害は大きいということです。属性で何かを語るとき、考えるときは常に気をつけよう、ということです。語る前に「常に例外はある」「みんながそうと言えるのか」と自問することが大事なのではないでしょうか。

アジア人は単色の集まり?

アジア人と簡単に言いますが、広大なユーラシア大陸の東から西のほうまで、言語はもちろん民族もさまざまで、顔や肌の色、骨格もずいぶん違います。それを総体で語るとき、便宜上アジア人と呼んでいるだけです。ここではアメリカのアジア系も含めて、アジア人と呼んで話を進めます。

以前、『ゲッベルスと私』(2017年)というオーストリア人が監督したドキュメンタリー映画を観ました。作品は、ヒトラーの下で宣伝相だったゲッベルスの秘書をしていた女性の語りで進むのですが、こんな言葉がありました。

「あのころはいろんな人がゲッベルスさんのところに来ましたけど、私のところにも確かアジア人が、インド人だったか日本人だったか……」

女性が90代のころに、往時を振り返った言葉ですが、この言い方に興味をそそられました。彼女は戦前の若いころも、それから70年もの年月を経ても、「インド人だったか、日本人だったか」という見方をしている。悪気はない。そんなふうに見えるということですね。

日本人も同じです。例えばアフリカ大陸の人とあまりつき合いがなければ、「アフリカのエチオピア人だったかナイジェリア人だったか」なんて言ってしまうかもしれません。知ってみれば、両者は見かけも文化も食もまったく違うのですが、遠いのをいいことに、アフリカ人とひとくくりにしがちです。それを一緒くたにしてしまう日本人が少なくないように、アジア人を一つの集まりと捉える人は当たり前のようにいます。

『マイナー・フィーリングス』との出会い

ここからはアメリカのアジア系住民に対する差別について話したいと思います。私はアメリカに何度か仕事や旅行で行っています。住んだことはありませんが、娘が10年以上も住んでいますのでなじみのある国です。先日、この国で広がるアジア人差別について書かれた現地新聞を読み漁《あさ》っていたら、韓国系アメリカ人の詩人、キャシー・パク・ホンさんに惹《ひ》きつけられました。早速、彼女の本『マイナー・フィーリングス』の電子版を読んでみました。

この作品は2021年3月に全米批評家賞を受賞しベストセラーになったエッセイです。ジャーナリストのアレクサ・リー氏がパク・ホンさんにインタビューした記事がデジタルメディアの「VOX（ヴォックス）」というサイトで21年3月17日に配信されました。彼女に惹かれたのはこの記事がきっかけでしたので、まずはそこに出てくる著者の言葉を紹介します。

「『マイナー・フィーリングス』は私の中にある意識を、私自身が知るために考えだした割と緩い言葉です。それはマイクロ・アグレッションと同じではない。もっと大きなものです」

マイクロ・アグレッションは70年代に生み出された言葉で、マイノリティに向けた偏見や差別、否定的な意味合いで投げかけられる言葉のことです。

「例えば私の両親は朝鮮戦争を経てこの国に来ましたが、誰もそんな史実を知らないし気にもとめない、理解しようとさえしない。マイナー・フィーリングスとは、そういった自分の現実、歴史が完全に無視された状態とも言えます」

きちんと定義されているわけではないのですが、本の後半でこんな言葉が出てきます。

〈マイナー・フィーリングスが顔を出すのは、アメリカの楽観主義が自分に降りかかってくるとき。実際変わらないと思っているのに、「現実はずいぶん良くなっている」と言われるとき。自分の人生は失敗だと思っているのに、「アジア系アメリカ人はとても成功している」と言われるとき。楽観は人に誤った期待を植えつけ、情緒不安定をもたらす〉

　要するに、アジア系のステレオタイプと現実とのギャップのことです。同書はこう続けます。

〈２０１７年の調査によると、アメリカの原点は公平な能力主義という考えが、低収入の有色人種の（小学）６年生の自信を奪い、彼らの行動をおかしなものにしている〉

〈マイナー・フィーリングスを人前にさらせば、どう受け止められるか。不愉快で嫉妬深く、抑鬱的でけんか腰とみなされる。白人たちはそれを「節度に欠ける人種的なふるまい」だと言う〉

　マイノリティが非常に鬱屈した気持ちを外に晒《さら》すと、激しい反発を食らう。特にマジョリティである白人たちから「ずいぶんけんか腰だな」と見られ、レイシスト的なふるまいだと非難されるわけです。

〈こうした白人たちの指摘に、我々アジア人は過剰に反応してしまう。なぜなら、不平等を生きぬいてきた私たちは白人とはまったく噛《か》み合わないから〉

　以上は本の抜粋を私が訳したものですが、先に触れた「ＶＯＸ」のインタビューで著者は執筆動機を「あくまでも自分を慰めるため」と語っています。

「私が物を書くのは、いい思いをしている人を苦しませ、苦しんでいる人々を慰めるためだ。私たちアジア人はその両側にいて、単なる加害者や被害者ではない。私たちはその間のどこかにいる。だから、私はいつも自分の中のレイシズムをチェックしている」

パク・ホンさんはコリアンですが、中国系、日系、フィリピン系、インド系らすべてのアジア系住民が連帯し、差別に立ち向かわなくてはならないと主張しています。

「この国はいまよりも多様になり、15年、20年もすれば多数派（の白人）が少数派になる。そのことはもっと語られていい」

白人が少数派になるのは２０４２年という予測がありますが、もっと早まるという見方もあります。２０３０年代の終わりだとしたら、あと17、８年ですね。その時点で白人がアメリカ人口の50％を切る。

「黒人とアジア系、そしてブラウン（茶色）の人たちは、互いのことを、白人の口伝えで知っているにすぎない。つまり、本当の問題は依然として白人至上主義なのだ」

多様性の認識についてのアメリカの現状

白人といってもいろいろで一枚岩ではありませんが、ここではアジア人、黒人と総称するように便宜上、記号として「白人」を使います。

アメリカの白人の人口比が50％を切ったら差別状況は良くなるのか。これは微妙です。自分たちの数が減っていくのは明らかです。その結果、多数派でなくなる焦りから、レイシズムがより激しくなる可能性もあります。窮鼠《きゅうそ》猫を嚙むではありませんが、追い詰められるほど人は暴力的になるものです。単に白人の数が減ったから良くなるということではないと思いますので、長い時間をかけ、注視していく必要があります。

「多様性」についての２０１８年の世論調査を見ると、ジェネレーションZ、アメリカではおよそ１９９０年代後半から２０００年代初頭ぐらいまでに生まれた世代を指しますが、彼らの中には多様性を重んじる人が多いようです。小学校から肌の色、出身、民族の違いが当たり前の教室で育った世代なので、「多様性は大事だと思うか？」というピュー・リサーチ・センターの質問に6割以上（62％）の人が「はい」と答えています。それに対し、アメリカのベビーブーマー、いまの50代より上ぐらいの世代は、20％くらいです。

でも、世代ではなく年齢が、若さがそう考えさせるのでは、という見方もあります。若い人はリベラルな考えを持ちがちですが、歳とともに保守的になる傾向があります。62％という数字が将来も維持されるかどうかはわかりません。

若い世代の投票率は低いのですが、もし、その人たちが選挙に行けば、トランプ氏のような差別を煽《あお》る人は選ばれなくなる、と期待したいところですが、どうなるか。

アイデンティティーにからめとられる

キャシー・パク・ホンさんの本に戻ります。

〈いつも自分自身をもう一人の自分が見ていた。「なぜ私はこんなにも被害妄想がひどいのか」と問いながら。（大学の詩の）講座などで私が人種問題を取り上げるたびに、（上の者が下の者に向ける）恩着せがましい配慮の壁を感じた。結果、私もその恩着せがましさを身につけ、他人の民族的な詩を「エスニックすぎる」とバカにした〉

詩を書いても何を書いても「アジア系の作品」とみなされるわけです。〈詩を書くたびに自由を感じ、アイデンティティーを脱ぎ捨て、自分自身がまったく違う人間に成りかわれる〉と感じながらも、彼女の詩を受け止める側はそうではない。

〈ジョン・キーツは「詩人にアイデンティティーはなく、詩人は他人の体に自分を埋める」と語り、ロラン・バルトは「文学は中性で、さまざまなものの合成であり、すべてのアイデンテイティーが失われる罠である」と書いている。でも、私が詩集を出した途端、何を書いても私はアジア系女性というアイデンティティーを消せない〉
〈「私」はこの国の人口の5、6％の代表でしかない。読者も編集者も「本物だと感じること」を書け」と言うけれど、私はアジア系なので、アジア系という題材にこだわってしまう。他にどんな道があるの？　もし私が自然を書いたら、誰も私になんか興味を示さない。なぜって、私は自然を書くアジア系詩人と思われるから〉
何を書いても「アジア系」というラベルを貼られる。詩は本来、男であれ女であれ、どこの国の人であれ、こうした属性から独立したものだとキーツらは言うが、アジア系には当てはまらないというのです。

「馬に乗れる中国人」

キャシー・パク・ホンさんの言葉から、私は「馬に乗れる中国人」というスペイン語を思い出しました。

２００２年から06年まで私はメキシコシティーに住んでいました。そのころはアルゼンチンが経済破綻した直後で、何度かブエノスアイレスに通いました。そのとき、人の紹介で日系とフランス系の間に生まれたエンジニアと雑談する機会がありました。20代後半の人でした。その彼から「馬に乗れる中国人」という言葉を聞き、いまも耳に残っています。

自己紹介のあと、彼が私に「ブエノスアイレスの雰囲気はどうですか？」と聞いてきました。私は1週間ほど街を回ってインタビューをしていただけなので、なんとも答えようがなく、そこで会った日本人女性の話をしました。

彼女は日本から舞踏の勉強に来ていて、「アルゼンチンでは国籍や出自など関係なく、実力さえあれば受け入れてもらえる」と言ったのです。私の第一印象もそれに近いものがありました。アルゼンチン人についてコロンビア人やペルー人はよく「ヴァニドッソ」「ナリソン」、つまり高慢、うぬぼれ屋だと悪口を言っていたのですが、私の印象ではそんなことはありませんでした。当時暮らしたメキシコとくらべても、よそ者を排除、差別する感覚が薄いように思えたのです。ですから、その日本人女性の言葉に、なるほどと思い、その話を彼にしてみたら、彼はこう返してきました。

「多分、その女性はとても優れた人なんでしょう。でも、彼女がどんなに上手でも、どんなにアルゼンチン人のように踊っても、彼女は『ダンスがうまくできる中国娘』のままなんです。それは未来永劫《えいごう》ついて回る。もちろん、表立って誰もそんなことは言わない。でもそうなんです」

彼は嘆いているわけではない。ただ、淡々と、やや虚無的にそう言ったんです。ここで言う「中国娘」とはチニータという言い方です。チーナの直訳は中国女性で、それをもっと幼く小さくした言葉がチニータ、つまり「中国娘」という表現になります。ただし、スペイン語のチーノ、チーナという言い方は何も中国人だけを指しているのではなく、主に東アジアの人たちやよく似た顔の東南アジアやネパール、チベットの人も含めた全体を指していますので、彼女はハポネサ（日本人女性）ですが、チニータと呼ばれるわけです。

南米のペルーに、アルベルト・フジモリという日系人の大統領がいました。彼の愛称はチーノでした。フジモリさんは1938年生まれの日系移民2世ということでしたが、熊本出身のご両親がペルーに向かう船の中で生まれたという批判者側の説もあります。もともとはエンジニアですが、非常に演説のうまい人で、泡沫《ほうまつ》候補だったのにみるみる人気が上がり、1990年の7月から2000年11月まで大統領職にありました。世界初の日系人大統領として、日本でも大きな話題になりました。一時はペルーの政治暴力を鎮圧し、貧困撲滅でも成果をあげましたが、最終的には側近に絡んだ汚職や左翼ゲリラ討伐時の人権侵害など、さまざまな容疑で訴追され、大統領職を追われ、いまも獄中にあります。

そのフジモリさんの大統領時代、彼の遊説に同行し、アンデスの村に行ったときのことです。彼を迎えた村人が喜んで「チーノ、チーノ」と叫んでいました。大統領選に出馬した初めのころは模造の刀を手に、「サムライ」を名乗ってもいたのですが、サムライは語呂が悪いし、チーノは東洋人の総称なので、フジモリさんはこの呼び名を受け入れました。チーノは差別的に使われることももちろんあります。チーノ・コチーノ（汚いチーノ）なんていう言い方もありますが、逆に愛称にもなるのです。東洋人っぽい顔をした人をチーノの愛称で呼ぶこともよくあります。ずっと白人の大統領による汚職、圧政が続いたので、ここらで白人とは違うチーノに任せてみようか、といった支援者の声が多かったのです。

ですから、舞踏を勉強しに来た日本人女性は表立っては言われなくても、当然のようにチニータと呼ばれるわけです。そして、彼女がどんなに上手に踊れても、チニータというラベルは貼られ続けるとブエノスアイレスで会ったエンジニアは言ったのです。さらに、父が日系人である自分のこともこんなふうに言いました。

「どう自分で考えようが、何を主張しようが、自分はアルゼンチン人の目から見たら明らかなチーノ（中国人）なんだ。アルゼンチン人は山や原野に行くと、馬に乗りたがる。そこで、僕がうまく馬を操ると、『チーノなのに馬に乗れるじゃないか』ってみんな驚く。それで僕は、

『馬に乗れる中国人』と言われるようになる。仮に僕が乗馬の選手になっても、僕の呼び名は変わらない。『馬に乗れる中国人』のままなんだ」

間違えられたことへの憤慨

キャシー・パク・ホンさんの『マイナー・フィーリングス』を読んでいるとき、彼の言葉をパッと思い出しました。もちろんコロナ後、アメリカで広がったアジア系への差別はけしからんと思います。弱い老人や女性を狙って暴力を振るう人間は徹底的に取り締まらなくちゃいけない。でも、そういう表に出るものではなく、人々の心の中にある差別意識はどうか。

アメリカに住むアジア系の人たちの多くが、これはコロナのせいだ、トランプが「カンフー・ウイルス」「チャイナ・ウイルス」などと言って扇動したからだと言います。「中国からコロナが持ち運ばれたからだ」と鬱憤ばらしのために中国人や韓国人、日本人を標的にしている面もありますが、それだけではない。それとは別にアジア系に対する積年の差別があるのです。パク・ホンさんはそれをはっきりと書いています。そこに私は惹かれました。

同時に、彼女はアジア系の中にも同じ差別意識があると書いています。ヨーロッパあるいはアメリカの白人が上にいて、自分たちは下にいる。そのさらに下に別の人たちがいるという意識がいつの間にかアジア系に身についてしまったということです。それを一人ひとりが反省しない限り、アジア人差別の根は解決しない。だから、もっと声を上げて議論していくべきだと言っているのです。いいよいいよで済まさず、話し続けたほうがいいと。

自分の過去や感情をさらけ出している彼女の文章を読むと、私もある記憶がよみがえってきました。

イタリアに住んでいた2010年前後、日本からローマに旅行に来た女性から聞いた話です。彼女がホテルの受付に立ったとき、英語で何かを聞かれ、答えないでいたら、今度はフランス語で尋ねられたそうです。彼女はそれが嬉しかったらしく、「もう、私、フランス人に見えますか？　フランス人に間違えられちゃって」と私に言ったんです。だけど、フランス語を話す人はアジア系でも、アフリカ系でもアラブ系でもたくさんいるわけです。フランス国籍の人だっていろいろな民族がいます。

ホテルの人が言語を変えるのはよくあることで、東南アジアにはフランスの旧植民地がかなりあり、フランス語を話す人がいます。そういう人だと思われた可能性もあるし、「英語が通じないなら」と単に言語を変えただけではないか。私がそう言うと、彼女は「えー」と非常にがっかりしました。フランス人と間違えられるのは良くても、ベトナム系フランス人など旧植民地から来たフランス語系と間違えられることに失望したわけです。

こんな話もありました。長年ラテンアメリカを研究している学者が友達と中南米の公園にいたら、物乞いふうの年配の女性から「お金をくれ」と声をかけられたそうです。彼女が「いま、友達と話しているからあとでね」と断ったら、物乞いふうの女性が「なんだい！」と怒り出し、「プータ・チニータ！」とスペイン語でまくしたてたそうです。さっき言ったようにスペイン語でチーナとかチーノというのは愛称にもなりますが、言い方次第では蔑称になります。プータというのは昔の言い方だと「売女」、売春婦を指す蔑称です。「この中国の売女が！」と言われたわけです。

言われた彼女はショックだったのでしょう。「私はそのとき、『チニータじゃない、ハポネサ（日本人女性）よ』って、よっぽど言ってやろうと思いましたけどぐっと我慢しました」

こんなふうに私に言ったので、むしろ私はその言いっぷりに驚きました。

彼女は「プータ」と言われたことを怒ったのもあるでしょうけど、「チニータ」に憤慨したのです。それはどういうことか。日本人と中国人はいずれも現地ではチーノ、チーナと呼ばれがちです。ちょっと前のオリエンタルじゃないですけど、東アジア人というニュアンスです。

そこに「私は中国人じゃない」と国籍を持ち出して、相手を非難しようと思ったことに少し驚きました。長年現地を行ったり来たりしてる人でも、まだそんな感覚を持っているのだと思ったのです。

つまり、彼女の中に「中国人と間違えられたことへの憤慨」があるのです。それはフランス人と間違えられたと思って喜んだ日本人と表裏一体です。パク・ホンさんが言う「私たちの中にあるアジア人差別」はまさにこのことを指すのではないかと、私は思ったのです。

中国でも日本でもどっちでもいいよ

私は「中国人」と言われようと「日本人」と言われようとさほど気になりません。あるころからまったく気にならなくなったのですが、それはどうしてなのか。

メキシコに暮らしていた2005年8月末、アメリカのルイジアナ州ニューオーリンズを「カトリーナ」というハリケーンが襲いました。現地に飛び水浸しの街を取材していたとき、米軍の軍用車に乗せてもらいました。家から出られなくなっている人を助けたり、食料を届けたりしている様子を撮影しながら、軍人らと雑談していたとき、予備役の二人の黒人男性が話しかけてきました。彼らは暇つぶしにスニーカーの雑誌を読みながら、「あんた、どっから来たの?」と聞くので、「メキシコに住んでるけど、日本人だよ」と答えると、「あ、そうなんだ」

と返してきて、少ししたら、一人が、「中国でもこういうスニーカーとか流行《はや》ってる？」とカタログを見せました。「いや、俺の国は中国じゃないよ、日本だよ。日本でも、流行ってるんじゃないのかな」と答えたら、もう一人が「お前、バカだな、この人は中国人じゃないよ、日本人だよ」と言ったんです。それで、「あ、そうか」と。それから、またちょっといろんな話をしていると、「あれさ、やっぱり中国ではさ」と一人が何回も何回も間違え、その都度、もう一人が「お前バカだな、この人は……」としかるわけです。それで、しまいに私はこう言いました。「どっちでもいいよ、別に。君にとっては中国も日本も同じだろ？　どうでもいいよ」

すると、その男性は一瞬目をまんまるくして「え？」という顔をしたんです。そのあと、少し沈黙があって、何事もなかったのですが、彼はバカにされたと思ったのかもしれません。中国と日本が違うことは知っている。でも、私になぜか関心があって声をかけると、つい「中国では」と間違えてしまう。それに対し私から「どっちでもいいよ」と言い返された。お前はバカだからわからないと言われたような気がしたのかもしれません。もっと穿《うが》った見方をすれば、「世界地図さえ知らないんだろ？　アジアにどんな国があることさえも知らないんだ」と言われたと受け止めたのかもしれません。私のほうは、最初は「違うよ、ジャパニーズだよ」と言っていたのですが、何度も何度も言われるうちに、「もう、うるさいよ」という気になったんです。それは、おそらく私の中にきっと何かがあったんです。間違えられることに慣れてきたし、そこであえて「日本人だよ！」と強く言いたくもない。それでも若干、面白くないなというネガティブな気持ちを抱いたから、最後の最後に「どうでもいいよ」という態度に出たのです。その感情はなんなのか。

キンシャサ暴動のトラウマ

そこまで考えて思い出したのが、戦場で殺されそうになった体験です。「日本人でも中国人でもどっちでもいいよ」という私の感覚はそこからきているように思います。一種のトラウマになっているのでしょう。いまでもよく夢を見ます。

職業柄、世界各地の紛争地に行きましたが、アフリカが一番怖いと思うことがあります。90年代に一度、確率を調べたことがありますが、サハラ砂漠より南のアフリカ大陸はジャーナリストの数が少ない割に亡くなった人が多く、死亡率が高いんです。南米のコロンビアも結構危ないのですが、あそこは誘拐されたり撃ち殺されたりする可能性が高い。アフリカの場合、そのような危険は少ないのですが、人々の混乱やパニックで死を招くことが多いのです。政府軍兵士がいきなり味方をマシンガンで乱射し始めるなんてことが起きるのです。緊張からパニックになるんですね。

私が一番ひどい目に遭ったのは旧ザイール、コンゴ民主共和国の首都、キンシャサの暴動でした。

アフリカ大陸はサハラ砂漠が東西に走り、その北側が北アフリカで、コンゴはその南側にある熱帯の国です。当時、この地で内戦が広がっていました。この国の東部ではいまも紛争が続いていますが、コンゴはある言い方を借りれば「150年間ずっと戦争をやっている土地」です。それでも田舎はのんびりしていて、戦場などごく一部なのです。そこに出入りするうちにこの国が好きになりました。

キンシャサは80年代までは華やかだったようですが、私が通い始めたころは、モブツという独裁者の政権末期で、至る所で停電が続き、首都なのに電気がない状態でした。最後、モブツ大統領は亡命し、軍や警察も逃げ、その際いろいろとひどいことをしていくわけです。人を殺し、外国人と見るとジャーナリストでも誰でも警察官が銃を突きつけ金を奪う。ですから私はポケットの中にいつも100ドルぐらいしか入れていませんでした。まったくなければ撃ち殺されるので、少しは持っていたんです。

街を回っていたある昼時、市場にほとんど人がいないのでおかしいと思ったら、恐る恐る現れた人たちが「ゲリラが来る」「隣町まで来たらしい」と言って、あたりの空気が張りつめてきました。そのうち、きな臭い匂いというのか、私自身が危ないと感じ始めたんです。このままここにいると良くないと感じ、「ホテルに戻ろう」と助手と二人で歩き出したら、10代のティーンエイジャーみたいな子供たちがどんどんやってきて、歌を歌い出したんです。あとで助手に聞くと、「中国人のスパイが来た」といった内容を歌っていたのです。

それで「ニーハオ、ニーハオ」と鼻をつまんでバカにしたような声で騒ぎ出しました。豚の鳴き声というか、鼻声をまねて、「ニーハオ、ニーハオ」と言いながら竹のような長い棒っきれで私を叩《たた》くんです。

最初は小さい輪だったんですが、みるみる数が増え、そのうちに棒で続けざまに私を叩き出しました。こういうときの逃げ方に、ジグザグを切りながら早足で歩けというのがあるのですが、すぐに押しくらまんじゅうみたいになって、最後は袋叩きになって、そのときの助手、大学生の男の子が興奮して、「この人は中国人じゃない、日本のジャーナリストだ！　日本人だ！」と叫んで私を助けようとしたんです。私は彼に「やめろ！」と怒鳴ったんですけど、もう遅い。彼の叫びとともに群衆はさらに増えてきました。

私が中国人だろうと日本人だろうとフランス人だろうと彼らには関係ないんです。その違いに意味はない。むしろ助手が大声で叫べば、相手をけしかける。だから、私はその助手からも離れて必死に逃げました。それでも最後はどうしようもなくなって、もうボコボコ殴られてるとき、数が30人、周辺も入れたら50人もの人だかりが一気に躍動したんです。「ウォー」というような声がうねりのように聞こえました。

普段は大人しい人たちです。それがここぞとばかりに外国人だから、あるいは白人だからという理由で火がつく。こうなるとヨーロッパ人も東洋人も関係なく、彼らが私を見ると「ムズング」と言います。「白人」のことです。「白人だ！　ムズングいるぞ！」みたいな感じでどんどん来て、みんなバンバン蹴っ飛ばして、私は倒されたら終わりだ、このままでは殴り殺されると思って、左右に揺れながら必死に逃げようとした瞬間、いきなり自動小銃の射撃音がバババババッと響き渡りました。あとで知るのですが、運良く、ゲリラの乗ったトラックが大通りに入ってきたところでした。彼らは私を中心とした群衆、人だかりを見て、異常を感じたのか、いきなり自動小銃を空に向けて連射したんです。ＡＫ47の音でした。すると、ぐるりと私を取り囲んでいた連中がその音で一瞬止まったかと思うと、バーッと一斉に逃げていきました。私は半分倒れかかっていたのですが、助かって、足を引きずり、助手に支えられながらホテルにたどり着きました。

人はとんでもないところで殺される

そんなことが一度だけじゃなく、その2年後にもありました。

今度は政権をとったゲリラの頭目、ローラン・カビラ大統領が暗殺され、その取材でキンシャサに行ったとき、まったく同じ状況に追い込まれました。やはり歌から始まり私を囲む形でぐるぐると人の数が増え、暴行の対象になりました。どんな歌だったか、あとで助手に聞くと「カビラを殺したのはこいつだ」という内容でした。そこにいた外国人は私一人で、他はみなコンゴ人でした。そのときの助手のジョンという男はとても勇敢な、混乱した現場に慣れた人で、一生懸命、私の手を引っ張って逃げてくれ、どうにか免れました。

アフリカで怖いのは暴動です。普段はいい人で、家にも泊めてくれるし、見知らぬ人を迎えるという点では優しい人たちです。しかし、一度でも緊張が走ると、マッチでティッシュペーパーに火をつけたみたいにブワーッとすごいスピードで暴動が盛り上がるのです。

二度目のときにはホテルに逃げ帰ってその様子をリポートしましたが、夜のラジオを聞いて凍りつきました。私が巻き込まれた近くでフランス人一人と中国人一人、スタジアムづくりのために入っていたエンジニアなんですが、彼らが撲殺されました。私と同じ状況でした。翌日になると、チャーターしたバスでひとかたまりになって移動していたヨーロッパのジャーナリストたちに住民が投石を始め、頭に石が直撃したベルギー人が重傷を負いました。

人はとんでもないところで殺されます。しかも子供たちが中心となって始まった歌の輪の中で標的になるという体験でした。

屋久島での死にかけた体験より浅いものですが、追い詰められたときは心が震えて、私自身「死にたくない」と心の中で叫んでいるわけです。ところが人間って面白いものでそういう状況になるとものすごい力を発揮する。暴動に巻き込まれていても、頭はすごく冷静なんです。すごいスピードで思考が回って、いろんなことを計算しています。シミュレーションをして、生き残る可能性を常に探している。意図してやっているんじゃなくて自動的にそうなるんです、人間は。

その暴動だけが原因ではありません。ただ、私がアメリカでのハリケーン取材で予備役の黒人男性に「(中国人でも日本人でも)どっちでもいいよ」と言ったのは、いろいろと似た経験をしてきたからだと思います。暴動に巻き込まれたときの恐怖が残っていたのかもしれません。

いずれにしても、当時の私はアフリカ滞在から日が浅かったので、見た目だけで東洋人を一緒くたにする人や、中国と日本を混同している人の相手をいちいちしちゃいられない、といった気持ちがありました。いまなら、そんな反応はしないし、両国の違いを懇々と説いて聞かせるかもしれません。でも、当時の私には国籍という属性について、変に反応してしまうところがありました。

属性から逃れたい

イタリアでこんなことがありました。初対面の人たちとしゃべっていて、ずいぶん長々と日本の話を聞かれて、こちらも一通り話して、笑っていたら、「さて、もう日本の話はいいかな」みたいなことを言われたことがありました。日本人のゲストがここにいる。だから日本の話をしなくてはと思ったのか、その切り替えに違和感がありました。

前述のキャシー・パク・ホンさんが、自然についての詩を書けば、「自然を書くアジア系」と見られると言っていましたが、必ずアジア人という冠、鎧《よろい》をつけられ、素の状態で、生《なま》の一人の人間として見てもらえない。それとちょっと似ていて、「あー面白かったね、日本の話はもういいよ」と言われたときに、些細《ささい》なことですが、ちょっと嫌な気分になりました。

南アフリカでも似たことがありました。特派員として赴任して5年近く経ったころ、そのまま現地に残りたいと思っていました。ただ、フリーになるにしても、日本語では限界があるので、英文記事を書く媒体にいろいろと聞いて回ったことがありました。ジャーナリストの場合、英語のマーケットは広く、南アの週刊経済誌、イギリスの「エコノミスト」のような雑誌に社会問題だけでなく、文化や本の話も結構載っていたので、そこに書けたらいいなと思っていました。その編集長に何度か日本の政治についてレクチャーしたことがあったので、あるとき、

「こちらに残った場合、フリーランスとしていろいろ書いていきたいんだけど、どうかな?」

と聞いたら、こんなやりとりになりました。

「日本のニュースの需要はそんなにはないけどね」

「いや、日本のニュースに限らなくてもいいんだけど、南アフリカのでも」

「いやー、だけど、アジアものはどれだけネタになるか」

要するに日本人だから日本について、せいぜいアジアのことしか書けない、あるいは書かせたくないと思っていたようです。広く書けると思ってもらえないのです。それは彼の先入観でした。アパルトヘイトが終わったばかりの南アフリカでは、例えば黒人の記者に「黒人問題はそんなに需要が高くないけど、書いてもらうときは君に頼むよ」などとは面と向かって言えない。なのに、日本人には言える。見たところ、明らかに外国人、よそ者だからです。「じゃあ日本の問題が南アフリカでもニュースとして大きくなったときは、分析を書いてもらうからね、

でもそれ以外は別にいらないよ」と言えてしまう。その人はインド系の人でしたけど。そういう割り切り方を見せられたとき、私は属性から逃れたいと感じました。

似たような話ですが、南アフリカに「ザ・スター」という一番売れている新聞があります。そこに映画記事を書いている記者がいました。その人は中国系で、ちょっとカズオ・イシグロに似た顔の人でした。南アフリカの中国系について調べていたとき、彼の家の歴史を聞きに行ったんです。その人の家は何代にもわたって南アに住んでいましたので。

中国系住民の話を聞いていると、彼の同僚の白人女性が近くの席で耳をそばだてていて、すっと立ってこちらに来ると、私にこう言ったんです。

「彼は中国人じゃありませんからね。彼はれっきとした南アフリカ人ですよ」

その言い方に棘《とげ》がありました。彼も「いやいや、別にそういう話をしているわけじゃないから」と応じて、彼女を席に戻しました。

私は南アフリカにおける中国系の歴史を彼の個人的な背景とともに聞いてるわけですから、何も間違えたことをしているわけではないんです。なのに、そばでそれをちらっと見た人が何か線引きをしたがったんです。あなたは日本人か中国人かわかりませんけど、あなたとこの人は違うんですよという線引きです。

その線引きによく似たケースをもう一つ紹介します。台湾と南アフリカは長く外交関係があったのですが、1998年に南アは台湾との関係を断ち、中国と国交を結びました。そのとき、中国からたくさんの記者が来て、南アフリカの外務省が南ア外相と中国の代表の記者会見を開きました。その場にいた日本人記者は二人で、私が日本の外交官と会見前にしゃべっていたら、南ア外務省の女性が、さっと手を伸ばして、ここからこっちには入っちゃダメみたいな線引きのジェスチャーをしたんです。危ないから入っちゃダメというニュアンスではなく、あなたたちは違うんだからという感じでした。大多数の中国人記者たちを彼女は見下すような視線で見ていて、その脇に私もいて、彼女は、「あなたたちは違うんだから中国人の側に行け」と感じ悪く線引きをしたのです。こんなに失礼な人がいるんだと驚いたことがありました。

そんな些細な、忘れかけていたことが、パク・ホンさんの『マイナー・フィーリングス』を読んだらいくつもよみがえってきました。考えても仕方がない、生活していく上では邪魔になるため忘れていたのですが、それを如実に思い出しました。

属性や線引き。私自身の、そして人々の心の中にある、こうした「区分け」のようなものが差別をもたらすのです。

要は属性には気をつけろということです。「東洋人だから」「アジア人だから」とひとまとめにされ、勝手な思い込みで排除や襲撃の対象になる。そんな経験を積み重ねれば、人を見る際、その人の属性に囚《とら》われることに自分自身が警戒するようになります。属性だけで人を判断するな、ということです。

パク・ホンさんはそれをとても嫌がっている。私もそうです。でも、こうした嫌な思いをしてきた末に、あれはどういう意味だったのかと過去の経験を掘り下げ、考えていく作業が大事になってくる。すると、少しずつ差別が生まれる状況やその意味がわかり始める。そうすれば、自分の中にある「差別する心」も少しは改まっていく。そんな気がします。

アジア人差別については次章でも考えていきます。

第3章
日系アメリカ人作家の慧眼《けいがん》

ステレオタイプの受け止め方

先に話しました「一般論は怖い」という話について、聴講してくれた学生がこんな感想を書いてくれました。

「一般論というかステレオタイプは怖い。ただし、いい印象、悪い印象のステレオタイプがあって、それはどう受け止めるかにもよるので、聞く側の問題もあるんじゃないですか」

なるほどと思いました。

差別的なことのやり過ごし方として言えるのは、一般論でもステレオタイプでも自分が嫌でないのなら聞き流しておけばいい。しかし、腹が立ち、不利だと思えば「それは違う。一般論はいけないよ」と反論すればいい。その辺、いい匙加減《さじかげん》でつき合っていけばいいと思います。

例えば、2018年のサッカーのワールドカップ（W杯）ロシア大会以来、日本人の観客がスタジアムでゴミを掃除して帰るというニュースがよく話題になります。「日本人はきれい好きでお行儀がいい」という印象ですが、それは日本人の一面ですね。

私が物心ついたのは1960年代の後半です。昭和で言えば40年ごろ、戦争が終わって20年ぐらいです。いまから20年前というと、ついこの前という感覚です。私が幼いころ、大人たちは、ついこの前まで戦時中だったという集団記憶があったのでしょう。

そのころの日本は、観光地はゴミだらけで、山に行くと崖から落としたのか車が谷底に捨てられていました。新聞記者になった１９８９年、私は長野で警察署を担当していました。何もないときはあちこち回り、よく裏山に行きました。すると林道脇の崖下に大量に産業廃棄物が捨てられていました。病院から出た注射針や点滴の袋が放置されているのです。病院のゴミは一般ゴミでは出せず、専門の業者を介して結構高いお金を払って処理してもらわなくてはいけないので、そのお金をケチるのでしょう。病院か、医院か、あるいは業者が山の中に捨てていた。だから、日本でも人は陰で悪いことをするのです。

みんなでゴミ掃除をするのは偉い。でも、日本人はみなこうだというのは違う。悪いことを絶対にしない、モラルの高い上品な国民たちだというのは粉飾です。私はそういう一般論、ステレオタイプを疑うほうです。悪評も好評もいずれのステレオタイプも疑っています。

「傷ついたアジア人」という枠

引き続きキャシー・パク・ホンさんの『マイナー・フィーリングス』から私が刺激を受けた部分を読んでいきます。彼女は詩人なので、文学に絡んだシンポジウムなどによく招かれるそうですが、そのときの印象についてこう記しています。

〈エスニック文学の企画は必ずヒューマニストの企画になる。非白人の作家たちはそこで、自分たちも痛みを感じる人間だと言い続けなければならない。そんな「エスニシティー」を抱えた「私」ではなく、私はただの「私」になれるのだろうか。そんな未来はないのでは。我傷つく、ゆえに我あり。私の本はその傷みの大きさで計られる。もしそれが10点満点で2点程度なら話す価値はない。もし10点なら、ベストセラーになる〉

〈自分の欠点を隠さずに何もかもさらすような本を書いてきた白人男性作家たち、例えばフィリップ・ロスやカール・オーヴェ・クナウスゴールは昔からもてはやされてきた。読者は白人男性作家が不良のようにふるまうのを楽しむが、マイノリティ作家は逆に良い子でいなければならない〉

白人作家たちはドラッグや性的陶酔にはまり、崩れていく自分を売り物にできる。なのに、アジア系は模範的な移民というステレオタイプにはめられ、自堕落なことができないと。『ライ麦畑でつかまえて』というJ・D・サリンジャーの小説について彼女は率直にこう書いています。

〈私が9年生（日本の中学3年生）のときの教師が、私たちはみな『ライ麦畑でつかまえて』と恋に落ちると言った。私はサリンジャーの読みづらく散漫な文章を目で追いながら、恋の瞬間を待ったが、いらついただけだった。主人公はただの金持ちの高校生で、年寄りのように世の中を呪い、水のようにお金を使い、どこに行くのもタクシーを使う。彼はれっきとしたクズで、彼がフォニー（にせもの）と馬鹿にする同級生と同じくらい傲慢なやつだ。その特権ぶりはまだしも、彼の子供時代へのこだわりは、私の目からすればまるで宇宙人のよう。私は自分の幼少期をできるだけ早く過去に追いやりたかった。なのに、この主人公はなぜ、いつまでも成長したがらないのか〉

別の文脈で彼女はこうも記しています。

〈ユダヤ人やアフリカ系アメリカ人の自己嫌悪文学は無数にあるのに、アジア系のそれはさほどない。（アジア人である）自分を白人の目で見るから自己憎悪となる。唯一の防衛策は、自分自身につらく当たることだ。そうすれば、自虐が快感となり、死ぬまで、自分自身をつつき続ける〉

アジア系は白人の目で自分を見下す癖が身についてしまっているというのです。だから、アジア系は自己嫌悪、コンプレックスが強く、自己批判をする。これはアメリカに限った話ではありませんね。

少しずれますが、私の先輩で、仮名で中山さんにしておきますが、久しぶりに会って挨拶すると、彼が真っ先に言うセリフがあります。「久しぶりだねー。いやーもうこんなになっちゃって」と言って、頭頂部を見せる。要するに禿《はげ》が進んだと言うんです。こちらは気にもしていないんですけど、まずそれを言ってしまう。私の家族とたまたま会ったときも、私の妻に「いやあ、もうこんなになっちゃいまして」と言うんです。それはコンプレックス、自己嫌悪と違うかもしれませんが、パク・ホンさんが言う「唯一の防衛策は自分につらく当たること」。つまり、自虐、自分をおとしめることで落下距離を減らすわけです。自分を持ち上げておくと、何か言われたときに落ちる距離も長い。でも、最初から自分を落としておけば、けがも軽く済む。ところが、それを続けると最後まで自分を落とさなくてはならない。パク・ホンさんはそう言っているんです。

白人視線の内面化

キャシー・パク・ホンさんの言う「自分を白人の目で見る」という言い方はよくわかります。アジア人なのに、白人の視点が内面化されているということですが、幼いころからの私自身を振り返りますと、テレビなど媒体の影響が大きいようです。

私が白人を見た最初の記憶は5歳のころです。軍の将校か事務官だったのか、アメリカ人一家が東京の上板橋のうちの近くにいました。親しかったわけではありません。そこに私と同じ年回りの小さな娘がいて、ある日、その家の前を歩いていると、その子がまぶしそうに顔をしかめて、こちらをジーッと見ていました。すぐ後ろでお母さんが家を出たり入ったりしていたので、出かけるところだったのでしょう。

その色の薄さ、そばかす、金色の髪、目の色は青だったか緑だったか。とにかく、その子が強い日差しを浴びて、人形みたいにこちらを見ている。その姿を私は「怖い」と感じました。襲ってくる怖さとは違う。ただ者ではない何かを感じたのです。子供は差別をしないと言う人がいますが、どうなんでしょう。私が怖いと感じたのは、彼女の外見です。光の中で薄く消えてしまいそうな存在を怖いと思ったということは、彼女とそれ以外の子供たちの間にははっきりと一線を引いていたということです。

小学3年生のとき、あのころの豊かさの象徴であった二階建ての新築の家に住んでいる同級生が近所にいました。そこのお母さんが結構洒落《しゃれ》た人で、何度か「アメリカンクラブのプール」に連れていってくれました。あとで調べたら、練馬区から朝霞《あさか》市に入るあたりにあったキャンプ・ドレイクというアメリカ陸軍の駐屯地のクラブです。そのお母さんがなぜ入れたのかは知りませんが、私は子供ながら、そこに入れることに優越感を覚えました。

なぜ、優越感を抱いたのか。それはそのお母さんが「ここはアメリカ人ばかりのプールだから、誰でも入れるわけではないのよ」といったことを話していたせいでしょう。それとも、普段行くプールより人も少なく、いるのは白人ばかりという環境がそうさせたのか。いずれにしても5歳のときに「怖い」と思った白人を9歳のころには、そう感じず、その中にいる自分はいまの言葉で言えば「ワンランク上」の気分だったのです。

白人への接近

5歳のときと9歳のとき。その間に白人と交流したわけではないので、一つ大きな違いがあるとすればテレビや映画の影響です。母親が洋画好きだったので私は5歳のころから毎日のように、午後に放送されるテレビの洋画劇場を見ていました。テレビドラマでは西部劇の『ララミー牧場』などウェスタンを好んでいました。あとで知るのですが、これもアメリカ政府による文化教育政策の一貫で、日本人を民主化するための策の一つだったわけです。

中高の教育にホームルームや生徒会を取り入れさせ、自由、個人主義を奨励したアメリカの戦後政策に通じるものです。こちらはそんなこととは知らず、『うちのママは世界一』や『パパは何でも知っている』『名犬ラッシー』といったホームドラマを子供のころから見てきて、実際に初めて外国に行ったのは23歳でしたが、なんとなく自然に「白人の視点」、外国人イコール白人みたいな感覚を抱くようになっていました。

そんな私が最初に好きになった歌手は尾崎紀世彦《きよひこ》でした。東京都渋谷区出身、1943年、戦時中に生まれ2012年に69歳で亡くなった日本の歌手です。神奈川県茅ヶ崎市で育ち、ハワイアンのバンドを経てソロ歌手になり、71年に『また逢《あ》う日まで』という曲が大ヒットしました。この人を見て、すごくカッコいいと思いました。もみあげが豊かで絶唱型の歌い方もエルビス・プレスリーに似ていました。当時、読んでいた子供向けの雑誌によると、彼は「日系アメリカ人」ということでした。実際はおじいさんがイギリス人のクォーターのようです。好きな食べものが「ビフテキ」で嫌いな食べものは「米」と書いてありました。

他に好きになったのはクリント・イーストウッドとスティーブ・マックイーンというアメリカの俳優でした。小学校4年から中1ぐらいにかけての私のヒーローです。これら3人を並べますと、二人は白人で、残る一人は日本人ですがアメリカナイズされた存在。私はなぜか、そういう人たちが好きだったんです。

そのころから映画熱がさらに強まり、小学生なのに「ロードショー」と「スクリーン」を買って隅から隅まで読んでいました。中でも読者の投稿で決める人気俳優ベストテンが好きで、当時はフランスの俳優アラン・ドロンが確か一番人気で、先ほどのクリント・イーストウッドやスティーブ・マックイーンも上位に入っていました。

昭和中期から晩期に育った私の場合、ごく自然にそうした「白人好み」が身についたようです。実際に身近にいないのに、なんとなく身近な存在のように思える相手、それが白人でした。その好みが私の人種意識や自意識に影響し、プールでの優越感につながったのだと思います。

私の差別意識

私自身、人種差別をしたことがあります。なぜ、そうだったのか。おそらく、この白人好みが高じて、私の中にキャシー・パク・ホンさんが言う「自分を白人の目で見る」視点が入り込んでいたのだと思います。

23歳のとき、インドに行きました。ヒマラヤ登山の遠征で、私にとっては初めての外国でした。デリーで食料や装備を買うため仲間と市場を歩き回った末、一角にあった布を売る出店の人に声をかけられました。こちらは実際に英語を使うのも初めてでしたし、インド商人と交渉するのが面白くてゲラゲラ笑っていました。

布の山の中にいた男性はターバンを巻き立派なヒゲを生やしていたので、シーク教徒のようでした。手にした大きなモノサシで膝元をパンパン叩きながら、私と仲間の二人に声をかけ、後ろでは多くの人たちが行き交っていました。

「ハウマッチ」と聞くと、「この絹は1メートルいくらです」と言うわけです。大体値をふっかけてくるので、「エクスペンシブ、チーパー、チーパー」とか言ってこっちは値切るわけです。布を触ってみると、少しゴワゴワしているので、「この生地は何？　シルク？」と聞いたら、彼が「シルク！」と言い放つんです。で、こっちが「コットン？」と聞くと「ノー・コットン、シルク！」と応じる。今度はこちらが「ノー・コットン？」って聞くと、「ノー・コットン、シルク！」。それで、「シルク？　コットン？」「ノー・コットン、シルク」というやりとりを何度か繰り返した末、「ノー・コットン？」「ノー・コットン、シルク」「ノー・シルク？」「ノー・シルク、コットン！」と最後に彼が言い間違えたので大笑いしたことがありました。言ったほうの彼もにんまりしていました。

そのやりとりがおかしかったので、日本に帰ってから、学友を前に身振り手振りでそのときの様子を私は得意になってしゃべっていました。商人の口まねをして、インド人っぽい英語で声帯模写をするわけです。私の英語のほうがよっぽど拙いんですけど、例えば「スリー」をです。

「トゥリー」という、「th」が「t」の音に聞こえたので、それを口まねしてしゃべっていたん
　そしたら、同じ学科の真面目な先輩で、普段ほとんどしゃべらない人が脇で聞いていて、「お前、それ、バカにしてるんじゃないか?」と言い出したんです。「インド人をバカにしているだろう。差別じゃないか」って。私はとっさに「えっ、バカにしてないよ」と言い返しました。だけど、彼にはそういうふうに聞こえたんです。そのときの私はインド人をバカになどしていないし、むしろあの国の愉快な感じが好きで、嬉しくてみんなにしゃべっているつもりでした。だけど、シルク、コットンのやりとりや彼らの英語発音を面白おかしく語ったのを聞いた彼は、それを差別だと感じたのです。確かに、もしそこにインド人がいて、自分たちのことを茶化していると思ったら、「お前たち、何を言っているんだ」と不快に感じたかもしれません。

　つまり、端から見れば、はっきりとした差別的行為だったのです。南アフリカやコンゴで私も中国人ふうの口まねでからかわれ、嫌な気分になったことは一度や二度ではありません。私はその加害者と同じことをしたわけです。

　では、なぜ私はそれを差別と思わず、インド商人とのやりとりを得意になってしゃべっていたのか。それは、漫才のように最後の最後で、彼が「シルク」と言うべきところを、こちらの

口調につられて「ノー・シルク」と言ってしまうオチの痛快さもありますが、どこか、インド人の口調、アクセントや発音を面白がる自分がいたのです。自分の英語のほうがよほどひどいのに、大英帝国仕込みのインド人の英語を長年映画などで聞き慣れていたアメリカ英語とくらべ、見下している自分がいた。「なんだこの発音は、変な英語」と嘲笑する自分がいたのです。

まさに、パク・ホンさんの言う「自分を白人（あるいは米国映画の登場人物たち）の目で見る」視点ですね。

アメリカ文学と日本人

キャシー・パク・ホンさんが取り上げたアメリカ文学の話を少しします。アメリカの小説が日本で広く読まれるようになったのは敗戦後のことです。それまで日本人はフランス、ドイツ、イギリスなど欧州の小説を好む傾向にありました。それとロシア文学です。

アメリカの小説が急激に増えたのは1970年代以降で、書店の文庫本の棚にごく普通に並ぶようになります。

70年代の中盤は私が中学生のころです。学校帰りによく友人たちと足立区《あだち》の竹ノ塚駅に近い書店で話をしながら、本を選んでいました。カミュの『異邦人』もカフカの『変身』も三島由紀夫の『午後の曳航《えいこう》』もその場でパラパラと冒頭を読んで引き込まれたものです。

新聞記者になって5年ほどが過ぎた1994年、千葉県の船橋市に住んでいたとき、いまの中学生はどんな文庫本を読んでいるのかと、近所の本屋を回ってみますと、文庫の古典、クラシックはほとんどなく、代わりにスティーブン・キングなど、ハリウッドで映画化された作品がたくさんありました。古典からエンタメまで、あらゆる文庫本があった70年代にくらべ、中学生が手にする本の種類がずいぶんと乏しくなったと感じました。

そこで私は手作業で文庫本小説の国別比較をしてみました。出版科学研究所に通い、そこにあった74年と94年の『日本書籍総目録』に加え、岩波、新潮、角川、ハヤカワノベルズが出している目録を見て、文庫本を徹底的に調べたんです。文庫本に着目したのは、中学生が書店に入ってパッと手に取れる小説がどう変わってきたかを知りたかったからです。

調べてみてわかったのは、74年には全文庫本の50%を海外文学が占めていたのに、94年にはそれが25%に減っていました。いずれも海外ものの総点数は1300前後です。これは、単に内向きになったということだけではなく、エンタメ作品を中心に国内の書き手が増えたということでもあります。

海外ものの国別の内訳を見ますと、74年は1位がイギリスで27%、以下、フランス25%、アメリカ16％、ドイツ12％、ロシア10％と続きます。これが94年になりますと、ダントツの1位がアメリカで39％を占め、次がイギリスの28％です。つまり、英語作品だけで67％を占めています。74年に英語作品は43％でしたからその勢いがわかりますね。フランスは半減して12％、ドイツは7％、ロシアは5％まで落ちました。

70年代に人気のあったアメリカ作品は古典ですとヘミングウェイやフォークナーです。マーク・トウェインやスコット・フィッツジェラルドも結構点数がありました。90年代に入って人気が出てきたのは、カート・ヴォネガットやレイモンド・カーヴァー、ジョン・アーヴィングらで、私もずいぶん読みました。どれも面白いのですが、要は、たった20年で日本の中学生が手に取る小説がこんなにも変わった、アメリカナイズされたということです。

いま、よく本離れと言われますね。他の娯楽が増えたという面が強いのですが、小説の面白さ、深みを知り、世界観が一気に広がる中学、高校時代に欧州、日本のクラシック小説を読む機会が減ったことも影響しているのではないかと私は感じます。もちろん70年代から90年代にかけ、出版社が若い世代の「本離れ」を狙って、文庫本のラインアップを変えてきたわけではありませんが、結果的にそうなってしまったのです。

パク・ホンさんが言うには、アジア系アメリカ人はいやが応でもサリンジャーらアメリカの男性作家の作品を小学校のときから読まされるわけです。すると、次第に白人男性の典型とも言えるものの見方を植えつけられていくと、彼女は暗に言っているのです。

そこはどうなんでしょう。中学生のころからヨーロッパ、アメリカの主に男性作家の小説を読んできた私などにも白人男性の視点がすでに入り込んでいるのでしょうか。ありえますが、微妙なところです。これはあとで話しますが、そうでない気もします。

不朽の名作『ノーノー・ボーイ』

次に、アジア系差別に絡んだ話で日系人によるアメリカ小説の話をします。日本では日系イギリス人のカズオ・イシグロの小説はよく読まれていますが、日系アメリカ人の小説はさほどは読まれていません。没後読まれ始めた作家にジョン・オカダがいます。その人の唯一の作品『ノーノー・ボーイ』をここで紹介します。

舞台は第二次大戦後間もないシアトルです。戦時中、日本とドイツとイタリアによる日独伊三国同盟があり、その敵側に米英仏など連合国がいました。アメリカは日本軍にパールハーバーを空爆されたのを機に、１９４１年12月に参戦し、その直後、アメリカ政府は日系アメリカ人を強制収容所に送り込みました。シアトルやロサンゼルスなど、主に西海岸に住んでいた日系人が内陸の砂漠地帯に移されたのです。財産も没収されました。そのとき、一部のドイツ系やイタリア系も収容されましたが、規模は小さく、日系人ばかりがひどい目に遭ったのです。

ジョン・オカダも青年時代に強制収容され、自分はアメリカ人なのにどうしてこんな目に遭うのかと落ち込みながらも、米軍に志願し、戦時中は日本近海の上空で日本の無線を傍受する任務などに当たりました。日本軍のやりとりを盗み聞きする役割です。戦後も米軍の通訳として一時日本に滞在し帰国します。にもかかわらず、日系人ということで差別されるのです。

それでも大学に戻り文学の勉強を続け、ハワイ出身の日系女性と結婚し、図書館の司書や技術書のライターなどをしながら、1957年に小説、『ノーノー・ボーイ』を出版しました。

「ノーノー・ボーイ」とは当時、アメリカ政府が出した「忠誠に対する質問状」の2項目にいずれも「ノー」と答えた日系人を指す侮蔑的な言葉です。質問は全部で33項目でしたが、その2項目の一つは徴兵年齢の男子に対する、「戦闘の義務のため合衆国軍隊に奉仕しますか」という問いです。もう一つは全収容者に向けた問いで「無条件で合衆国に忠誠を誓い、合衆国を敵の攻撃から守り、日本国天皇ら外国政府・権力・組織に忠誠も服従もしない、と誓えますか」というものでした。

『ノーノー・ボーイ』の主人公はこのいずれにも「ノー」と答えた青年です。このため、強制収容後、刑務所に入れられ、戦中戦後とアメリカ寄りの日系人に批判されます。この小説のテーマは、アメリカ人か日本人かという日系人の葛藤です。ジョン・オカダ自身は主人公とは違い、いやいやながらも忠誠を誓った側ですが、彼の中に主人公と同じ思いがあったのでしょう。

小説はオカダが34歳のとき、1957年に発表され、1500部を刷りましたが、売り切ることもなく、話題にもならず、批評もされないまま終わりました。

彼は長い時間をかけて次の作品に取り組んだのですが、発表の機会はなく、1971年、47歳の若さで、心臓発作で亡くなりました。妻は彼の死後、残された2作目の原稿をあちこちに持ち込んだのですが、アメリカの出版社はおろか日系人団体にも相手にされず、彼女は絶望して原稿を燃やしてしまったのです。

ジョン・オカダの名はそのまま忘れられたのですが、彼が亡くなる前年の1970年に、中国系アメリカ人作家のジェフリー・チャンにより発見され、のちに中国系の小説家や詩人のグループが『ノーノー・ボーイ』を、「これはすごい。まさに俺たちのことを書いた文学だ」と驚嘆したんです。それを機に口コミで広がり、アジア系の文学者たちが出資し、新版が出されたのが76年でした。以後、アメリカのアジア系文学の不朽の名作と評価され、現在までに数十万部も売れている作品です。

『ノーノー・ボーイ』はジャーナリストの川井龍介さんが2016年に新たに訳しましたが、最初に訳したのは詩人で翻訳家の中山容さんでした。ボブ・ディランの歌詞の翻訳で有名な人です。その最初の日本語版の末尾に76年英語版のあとがきが載っています。新版を出版した功労者で中国系の文学者、フランク・チンの「ジョン・オカダをさがしに」というタイトルの文です。

《アジア系アメリカ人は自己憐憫《れんびん》と、「アジア系アメリカのアイデンティティ危機」という豪勢な理論のまわりをただウロウロしてきた。それは大量生産的布教活動でわれわれを改宗させようとして以来ずーっとつづいている》

「大量生産的布教活動」というのは、19世紀末以来、アメリカ政府がアジア系住民をキリスト教に改宗させてきたことを指します。

《文明は宗教を基盤にしていて、一番いいのは、ひとつの神をあがめることだという考えが普及してからずーっとそうだ。キリスト教の宣教師はわれわれが同胞の女に接するのも否定し、キリスト教に改宗したものだけに婚姻を認めた。そうやってわれわれの人口までコントロールした》

日系人も中国系も男だけが最初に働きに来て、自分の母国から妻や女性を呼ぼうとしても許されなかった。許されたのはキリスト教に改宗した人だけだったということです。アメリカ政府がアジア系人口を増やさないようにしたためです。

《二十年代には、自分がだれなのかわからないようなアジア系アメリカ人世代がうまれた。いまだにそのままだ。ジョン・オカダは、この「アイデンティティ」の危機がトータルには現実であり、同時にどうしようもなくインチキだ、ということを、いまでも多くのキ色人間には強烈すぎて読むのがおそろしい、この本で示している》

「キ色人間」。言語では「イエロー」ですが、これを書いたフランク・チンはオカダ作品がアジア系全般の問題を扱っていると捉えているのです。

訳者の川井さんは私とのインタビューで、この本について「自分ではどうにもならない不条理に対する苦悩や悲しみを、これでもかと思うくらいストレートに吐き出している」と語っています。『ノーノー・ボーイ』に登場する徴兵を拒否した主人公イチローら日系人は自分たちのことをこう語っています。

《見えない壁のために一級の市民として認めてもらえないこの国で》《ジャップが出かけて行き心底寛《くつろ》げる場所は多くはない》

これについて川井さんはこう言いました。

「実際、同じ敵国のドイツ人、イタリア人にくらべ隔離の規模が違ったのは、太平洋側に日本人が集中していた数の問題もあるけれど、明らかに人種差別でした。見かけと言葉、文化の違いです。人は異質な者であるほど、相手を排除し、恐怖を覚えるのです」

これに対する諦めの言葉が小説に出てきます。主人公イチローの恋人の日系女性のセリフです。

《ドイツ人でありアメリカ人であること、イタリア人でありアメリカ人であること（中略）は問題ないのよ。でも（中略）日本人でありアメリカ人であることは全然だめなのよ》

こういうくだりを読んだとき、ギリシャ人はどうだったのかと私は思いました。なぜギリシャ人かと言うと、1934年に出版されたジェームス・M・ケインの小説を原作にした映画『郵便配達は二度ベルを鳴らす』を思い浮かべたからです。主人公の流れ者の男が人妻と関係ができ、その夫を殺す話です。殺される夫はギリシャ人で、彼やその仲間たちがかなりエキゾチック、異端、訳のわからない民族というふうに描かれていると私は感じました。パーティーで彼らが踊り出すのですが、一般のアメリカ白人とは違う禍々《まがまが》しいものとして描かれています。

ですから、「異質の者」というのは必ずしも日系人らアジア系だけではないのです。中東のアラブ人はどうなのか。エドワード・W・サイードの『オリエンタリズム』で詳述されていますが、欧州では怪しい存在と見られ、その視点は当然、アメリカにも伝わり、戦前はまさに差別の時代でした。でも、アメリカで生きていく以上、異端とは見られたくない。すると「アメリカ人にならなければ」という意識が芽生え、彼らの中に自分自身に対する劣等感を生み出すわけです。

小説『ノーノー・ボーイ』にこんな表現が出てきます。

《アメリカに生まれて、意識することもなくアメリカを日増しに愛するようになっても、顔は白くなくて》《中国人の少女は、高校の卒業ダンスパーティーで白人の少年と踊る。少女はこの世界で（中略）出世したと思っている》《ある若い日本人は、自分よりも日本人らしいあまり若くない日本人を嫌っている（中略）歳《とし》をとった日本人は、自分よりもっと日本人らしい人間を……》

絶望的になった主人公がこう吐露するのです。戦後間もないアメリカでは、こうした日本人性を嫌った日系人がいたわけですが、これは西欧を妙なほど尊び、アジアをさげすみ、自分たちを卑下する戦後日本人の風潮と重なります。それはいまも消えたわけではありません。川井さんはこう言いました。

「日本人の中にある日本人差別はなぜなのかと思います。世代を重ねていくことで薄れているとは思いますが、例えばアメリカから英会話の先生を呼んで日系人だと、『なんだ、アメリカ人じゃないのか』とがっかりする生徒がいます。逆に日系アメリカ人はそんな日本人にしっくりこない気持ちを抱いているんです」

ジョン・オカダの啓示

日系アルゼンチン人女性の友達が以前話してくれたことがあります。彼女がまだ学生のころ、交換プログラムで日本に短期留学したことがありました。夏の間、ホームステイをしながら兵庫県の大学に行ったのですが、ホームステイ先は長年、外国人を受け入れてきた裕福な家でした。入れ替わり立ち替わり外国人を迎えている「国際派」で、両親とも英語を上手に操る家庭でした。空港で初めてホームステイ先を割り当てられるのですが、そこの家に決まったのは彼女ともう一人、カナダの白人女性だったそうです。それで、その家の女主人は空港で日系人の彼女を見たとき、露骨にがっかりしたらしいんです。しらけたようになって。何も言わないんですが、白人の学生と彼女は同じ日に着いたのに、受け入れられ方がまったく違ったそうです。家族みんなで大歓迎してくれても、あれこれ話を聞かれるのはカナダ人女性ばかりで、彼女はあまり話しかけてもらえない。

「買い物に行くわよ」とみんなで車で出かけるときも、彼女だけ誘われなかったり、近所の人に紹介されなかったりといったことがあったそうです。そのとき彼女は、日本人でもこういう差別があるんだと痛感しました。積極的に世界中の人を受け入れている人がそんな態度だったというのです。

ありがちだなと私は感じました。なぜそんな人がいるのか。オカダの小説にも似た人物が出てきます。自分の中に白人至上主義を取り込みながら、それを自覚していない人たちです。

オカダは加害者であるアメリカをもっと糾弾しても良さそうですが、むしろ日系人の中にある差別を執拗《しつよう》なタッチで書きました。この点を川井さんはこう見ています。

「差別を受けた側が嫌悪や反発を示すだけでなく、自分たちがしてきた差別を振り返り、差別そのものへの強い怒りを打ち出す。それが大事だと感じさせるところに、この本の拓《ひら》かれた力強さがあると思います。作品に出てくるように、日本人も黒人も互いを差別し合います。それは、どちらかがいじめられたとき、より弱い者をいじめるという、学校によくある構図と似ています。でも、ジョン・オカダが描くのは単に加害者への憎悪だけではありません。日本人を黒人やユダヤ人に重ねて相対化し、属性を越えた人の生き方に希望を託しているのです。それが、差別を考えていく読者にとって大きな支えになるのです」

俺たちはひどい目に遭ったと書いても伝わらない。もっと広い視点で、差別そのものに対する怒りを書かなくてはいけない、ということです。

小説には登場人物のセリフでありながら、オカダの真意が直接伝わってくる場面があります。戦争の後遺症で死んでいくケンジという男の言葉です。ケンジはヨーロッパ戦線で活躍し勲章をもらいますが、足を切断しており、それが原因で長くは生きられない。傷口が膿《う》み、さらに切ると、また膿みがひどくなりを繰り返し、だんだんと衰弱して死んでいく。その死の直前、こんなことを語ります。

《旅立ちに乾杯してくれ。そこにはジャップとかチンクとかユダ公とかポー公とか黒んぼとかフランス野郎とかの区別がなきゃいいな。みんなただの人間、っていうのがいいな（中略）なぜだかわかるか》。そうでなければ戦争のときみたいに、《もし、おれがまだひとりのジャップで、そいつがドイツ人のままだったら、おれはまたあいつを撃たなければならない。そんなことをしなけりゃならないなんてまっぴらなんだ》

ここにジョン・オカダの本心が出ていると思います。文章の真摯さを感じるからです。ジョン・オカダはそれだけつらい思いをしたのです。彼は戦後、母親、妻、子供たちを連れて各地を転々とします。技術ライターとしてクライスラーに雇われイリノイ州に引っ越したとき、クリスチャンの彼が夫婦で教会に行くと、ひどい体験をします。暗に「来るな」と言われたのです。似たような場面が小説に出てきます。主人公が友人と教会に行くと、ひそひそ声や盗み見をされ、ミサが終わり帰っていたら、車が横に止まり、窓から体を乗り出した男にこう言われるんです。

《ジャップは一人でも余計なんだ。おれはみんなに言ってるんだ。今日のジャップ二人は、たぶん次の日曜には一〇人になるってな。二度と来るなよ》

オカダは実体験をこの小説に反映させているのです。

時代は下って70年代、キャシー・パク・ホンさんは『マイナー・フィーリングス』で似た出来事を紹介しています。彼女が13歳の夏のプールでのことです。

カリフォルニア州オレンジ郡にあったおばのアパートの共同プールで彼女は泳いでいました。おばたちは浅い方、自分は深い方で泳いでいると、突然、白人男性に「出ろ！」と彼女は怒鳴られました。

〈男はこのプールは住民専用だと言った。そこは私のおばが暮らすオレンジ郡のアパートだった。だから私は男に、おばと小さないとこが私の妹と浅い方にいて、彼女はここに住んでおり、自分はベビーシッターをしていると答えた。彼は終わりまで聞かず、私たちにプールから出る

ように言った。プールを出て、ゲートをカチッと閉めたとき、彼の声が聞こえた。「やつらはいまじゃ、どこにでもいる」〉

どこにでもいる。〈いまの（カリフォルニア州）オレンジ郡は、韓国系が乗っ取ったようなもの〉と彼女は書いていますが、どこにでもいて何が悪いのか、いてはいけないのか。この白人の男は、なぜ、そんなに傲慢になれるのか。

〈西洋人のもっとも破壊的な遺産は何か。自分たちの敵は誰なのかを決める権力だ。その権力がときに、部外者の私たちに自分たちの同胞をも敵にしてしまう。例えば南北朝鮮の問題のように。それだけでない。私たちは自分自身をも敵にしてしまう〉

この嫌な記憶の意味を、彼女はそうつづっていいます。

オカダの作品を私が取り上げたのは、パク・ホンさんが訴えているように、アメリカにある差別、アイデンティティーを描いた彼の作品でさえも、いまだに「アジア系」の枠にはめられ、その先入観から逃れることができないからです。

人間の普遍的な生き方を探った本なのに、川井さんによれば、移民研究や収容所問題、日系人史の材料としてしか取り上げられてこなかったようです。せいぜいが「アジア系文学」という領域に閉じ込められ、純粋に文学として批評する人がとても少ないのです。パク・ホンさんの言う「自然を書くアジア系」やブエノスアイレスの彼が言った「馬に乗れる中国人」のままなのです。まさしくアメリカの文学であり、いろいろな差別の問題が書かれているのに、極めて狭い枠でしか取り上げられない。

作品の主人公イチローは最後、前向きに語ります。《ちょっと見回せば、世界中に憎悪があるのがわかる》。でも、《希望と言っていいのだろうか。どことはいえないが、あるにはある》

川井さんはこの作品を若い日本人に読んでほしいと言っています。

「日本には外国人労働者など、差別がいくらでもある。そういう現実を鑑みながら、読んでほしい。日本の外国人、移民たちにも、作品の中のイチローのような子がいっぱい生まれている。中国と外交問題が起きているなら、多くの中国人のイチローがいる。親と子、組織にも文化の違い、乗り越えなくちゃいけない壁はあり、この本はそういうことを非常に多面的に取り扱っているのです」

差別の問題は容易には解けませんが、どのような差別であっても、それを自分自身を映す鏡、自分の問題として考えるきっかけをこの本は与えてくれます。

第4章
ジョージ・フロイド事件と奴隷貿易

ジョージ・フロイド事件とロドニー・キング事件

２０２０年5月25日にアメリカ・ミネソタ州のミネアポリスで、ジョージ・フロイドさんが亡くなりました。彼は死ぬ直前、一人の警察官に膝で首根っこを8分間にわたり押さえつけられていました。死の寸前、「息ができない」と彼が言い続ける映像がＳＮＳで広がりアメリカ社会が動き出しました。それまでは新型コロナウイルスについての報道ばかりでしたが、差別の問題が突然クローズアップされました。

第2章で触れましたが、疫病が広がりますと各地で差別的事件が多発します。最初のうち、アメリカではアジア系が被害に遭う事件が多かったのですが、ジョージ・フロイド事件のあとはずっとアフリカ系、ここでは便宜上「黒人」と言いますが、黒人差別についての報道が多数を占めました。

黒人差別と言えば、こんなことがありました。新聞記者になって4年目の１９９２年春、私は長野県から東京に移り、国際報道を扱う部署で働き始めました。海外ニュースを日夜チェックして、各地にいる特派員をサポートする部署でした。いずれ海外へ赴任する記者たちが一時的に留《とど》まる場です。

着任早々、ロサンゼルスでロドニー・キング事件に絡んだ大暴動が起き、私は東京で通信社の英文記事を読み込んでいました。

ロドニー・キング事件とは、その1年前、1991年3月3日に黒人男性が警官に袋叩きにされた事案です。キングさんはその日、ロサンゼルス市内で車を運転していてスピード違反で現行犯逮捕されたのですが、路上で警官4人に警棒などで集団暴行を受け重傷を負ったのです。その様子を撮影した映像が全米のテレビネットワークに流れ、警察批判が一気に噴き上がりました。

殴った側の警官4人は暴行容疑で起訴されましたが、1年後の92年4月に無罪評決を受けたため、抗議デモが一気に広がりました。デモで済めば良かったのですが、一部の参加者が警察署や裁判所を襲い、さらにはスーパーや商店で略奪を始め、特に韓国系アメリカ人の商店が6日間にわたって襲われました。逮捕者は1万人、被害総額が10億ドルという大規模な暴動になったのです。

ジョージ・フロイド事件の28年前のことです。あとで話しますが、大事なのはこの28年という歳月です。

報道する側にある差別

当時私は東京でそのニュースをカバーし、目の前にいる上司、新聞社ではデスクと呼ぶのですが、紙面をつくる人に情報を日本語のメモで渡していました。すると、彼は私に向かってこう言いました。不思議とこういう言葉は忘れないものです。

「藤原君、あれだよ。どうせ、土人の祭りだから3日で終わるよ」

あっけにとられ、何も言えませんでした。国際ニュースを扱う海外経験もある人の言葉です。反発を感じ、身体が熱くなったのを覚えています。「何言ってんだ、この人は」と。

人種差別に関するエピソードをもう少し続けます。いまの話の9年後の2001年、私はアフリカに5年半いた末、東京に戻り、前と同じ部署におりました。そのころ、私はニコール・キッドマンという女優が好きだったんです。オーストラリア出身で、当時、俳優トム・クルーズと結婚し話題になった、スラッとしたブロンドの人で、南アフリカにいたころ、ファンになりました。

東京で同じように伝聞情報を集める作業をしていたとき、職場に同僚が3、4人いました。夕方で暇な時間だったのでCNNテレビを見ていたら、たまたまニコール・キッドマン特集をやっていたんです。それを見ていたら、同僚の一人に「藤原さん、ニコール・キッドマンが好きなんですね」と言われたんです。「好きだよ」って言ったら、彼は「藤原さん、黒人派だと思ったのに、白人派なんですね」と言ったんです。「え？」と思いました。つまりニコール・キッドマンは白人だから、彼女を好きな人は白人が好きだという短絡です。「白人派」という言い方に唖然《あぜん》としました。

もう一つ、短絡についてこんなこともありました。

2001年9月11日に起きた「アメリカ同時多発テロ事件」、いわゆる9・11で飛行機がツインタワーに突っ込んだとき、私は東京の新聞社で内勤作業をしていました。事件直後から大慌てで職場にあるCNNテレビに流れる英語を即座に訳す作業に当たりました。呼び出された記者仲間たちが職場にどんどん戻ってきたとき、ライブ映像の中でツインタワーの1棟が突然大崩壊したのです。その瞬間、戻ってきたばかりの一人が、酒が入っていたのか、それを見て、「やったれ！　やったれ！」と言ったんです。

私はそのとき、腹が立ちました。「やったれ！　やったれ！」ってどういうことだろう。そう思いながらも自分は音声を翻訳する仕事をしているから、「何言ってんの？」と議論もできない。あとから聞いてみると「アメリカがやられてるからザマアミロと思った」と言うんです。

その言葉に驚きました、なぜそんなふうに思うんだろうと、しばらく考え込みました。

後日、私より一回り以上年上の先輩記者にその話をしたら、「正直言って僕もザマアミロと思ったよ」と言ったんです。そのときも私は腹が立ち、以来、その人とは会わなくなりました。私が苛立《いらだ》ったのは、「憎いアメリカがやられたからいいんじゃないか」という短絡思考に対してです。どうしてそんなふうに思えるのかなと、私の中で疑問が堂々巡りしたのです。すぐに反論して、「違うんじゃないですか」と議論をし尽くし、最後は罵倒し合って終われば、気が済むのかもしれませんが、私の場合、ずっとモヤモヤだけが残るんです。

いずれのエピソードもそうですが、私を驚かせた人たちはみな、相手を属性でひとくくりにしているわけです。アメリカがやられた、ザマアミロと。彼らは「アメリカ」という、あるいは「黒人」「白人」という言葉に反応はしても、そこでひどい目に遭っている人や注目されている個人、死んでいった一人ひとりのことは見ないんです。なんで人はそんなふうに受け止めるのだろうと思いました。私がこうして差別の話をしているのは、その疑問がいまも続いているからだと思います。

一般論、属性でものを捉えるのは注意したほうがいい。考え方を間違える。授業で繰り返し語ってきましたが、黒人差別事件で思い出した三つのエピソードは、いずれも属性、一般論に囚われた例です。そこに囚われると、ものを短絡化させ、考えを深めることができなくなるのです。

バリー・ジェンキンス監督の眼差し

今回のジョージ・フロイド事件を聞いて浮かんだのは、映画監督、バリー・ジェンキンスさんのことです。

『ムーンライト』（２０１６年）というアメリカ映画でアカデミー作品賞などを受賞した人ですが、その次につくったのが『ビール・ストリートの恋人たち』（２０１８年）という、黒人作家ジェームズ・アーサー・ボールドウィン（１９２４～87年）の小説をもとにした作品でした。１９７０年代のニューヨークで強姦《ごうかん》罪で逮捕され、重要参考人の一人である巡査の偽証による無実の罪で長年刑務所に入れられた黒人男性とその妻の話です。

物語にも引き込まれますが、見事なのは映像美です。色の使い方がきれいで、人物撮影では小津《おづ》安二郎の影響を受けたと本人も語っていました。

国も性別も暮らしぶりも違う主人公の気持ちへ、知らず知らずに引き込まれ、最後は主人公と同じように、自分自身も前向きな気持ちになっていた。インタビューの折にそんな感想を言うと、監督は身を乗り出して語り始めました。

「私はこう思っているんです。絶望の中でも希望を持ち続ける人は実はとても幸福なのではないか。そこには一片の悲しみもないのではないかと。映画の最後の場面で、そんな私の考えを、あなたを含め、見た人が感じ取ってくれたのなら、とても嬉しいことです。メッセージになったかどうかはわかりませんが、映画でも記事でも本でも、表現者のエネルギー（熱）は作品に反映され、結果的にそれが視聴者、読者にも影響する。私のエネルギーはとても前向きなものです。楽観と言ってもいい。人は二つのまったく逆の感情を同時に持つことができるのです。悲しみと希望。それは常に並列してあり、それぞれを互いに大きくしていく。私はそう信じています」

映画には当時の警察暴力を映したモノクロ写真が挟まれ、人種差別への抗議がはっきりと出ています。一方、街の風景などその映像の美しさから、70年代初頭へのノスタルジーも感じられました。

あえて70年代初頭を舞台にしたのは、あのころが人間社会の大きな転換期だったからではないのか。そんな問いをジェンキンスさんにぶつけると、彼はこう応じました。

「その感覚は私にも少しはありますが、どちらかと言うと、当時と現代はそんなに違っていないのでは、という問いかけでした。ボールドウィンが描いた人種問題はいまのアメリカにはっきりと残っています。70年代はアフリカ系アメリカ人が公民権運動で自らの権利を勝ち取った直後で、法律上、理論上、黒人は解放されました。バスや遊泳場を人種ごとに隔離する法律は消え、表面上は平等になりました。でも、いまも本質は変わっていない。住宅ローンの審査などで人種差別がはっきりと残っています。法の下で平等でも、システムに不平等が組み込まれているのです。だから、私自身は70年代にノスタルジーを感じません。あの時代とさほど変わっていない現実があるからです」

主人公の友人が警察にはめられ、刑務所に入れられた苦難を語る際、白人を《悪魔の化身だ》と言いきるシーンがあります。このセリフを私は極端だと感じましたが、監督は「いまも通じる言葉だ」と即答しました。

「ボールドウィンが自身の経験から編み出したセリフですが、いまも同じような経験をしている人がいます。70年代だからこそ、力を持った言葉ではありますが、いまでも一部では通じるのです」

映画の最後にアメリカ人が国をたたえるときに歌う愛国歌『マイ・カントリー・ティズ・オブ・ジー』がかかります。それを歌うのはビリー・プレストン（1946～2006年）という歌手で、胸の奥から絞り出すような声に苦悩が込められているように思えました。それについてジェンキンスさんはこう言いました。

「いまも時々アメリカの学校で歌われる愛国歌で、幸福や誇りを感じさせる詩です。でも、プレストンが歌うことでその意味が変わりました。彼の歌い方は、アメリカンドリームが、ある者にとってはとてつもなく苦いものだと語っているからです。ボールドウィンも、映画の原作ではっきりと、人生の苦さを語っています。だから私は映画をあの声で終わらせたかったのです」

ジェンキンスさんに会ったのはコロナ前の2019年2月でした。とても感じのいい40代の人で、物腰柔らかく話も弾みました。

70年代は私のような世代にとって、一種ノスタルジーを感じる時代です。そのせいか、日本に限らずアメリカでも70年代を舞台にした映画が増えていました。でも、ジェンキンスさんは逆に、黒人にとっては大きく変わらないと訴えるために、あえてその時代を描いたのです。登場人物に白人は《悪魔の化身だ》と言わせているのも、状況が同じだと強調したかったからです。慧眼でした。彼が訴えた通り、ジョージ・フロイド事件がその翌年に起きました。

母語を失うということ

ジョージ・フロイド事件で私に浮かんできたのは、南アフリカのノーベル賞作家、ナディン・ゴーディマさん（1923～2014年）の言葉です。彼女の父はリトアニア出身、母はイギリス出身のいずれもユダヤ人です。小説を通し、南アで長く続いたアパルトヘイト政策を批判した作家です。糾弾調ではなく、ユーモアを交えながら、人間の陥る悪意や欺瞞《ぎまん》を描きましたが、会話も機知に富んでいました。

私が会った1999年末、彼女は76歳でした。雨の降る午後、ゆっくりお茶を飲みながら長い時間聞いた彼女のセリフが私の中で格言のように残っています。

人種や混血が話題になったとき、私は彼女に「アメリカの黒人と白人の混血率は、新参者のメキシコ系や中国系と白人のそれよりもかなり低い」という話をしました。すると彼女はこう答えたのです。

「アメリカのレイシズムは覆しようのない悲劇です。多人種という点でよくくらべられますが、南アフリカから見ると、アメリカの黒人は絶望的で比較になりません。彼らの悲劇は自分たちをアメリカ人だと思えないところにあります。ですから、ある時期まで自分たちを『アフリカ人』だと主張していましたが、一度でもアフリカに来てみると、それは違うと悟るんです。アフリカ人たちが人種のことにさほどこだわらず、ゆったりとくつろいでいる姿に反発さえ感じるのです」

そこで私はこう聞きました。「アメリカの黒人は、アメリカ社会で、自意識や劣等感を強めたということですか？」

彼女の答えはこうでした。

「やはり言語、母語の喪失が大きいのです。母語は故郷だと私は思います。母語を維持していればどこへでも故郷を持ち歩くことができるのです。でも、アメリカの黒人は母語から無理やり切り離され、自分たちが何者なのかを自分たちの言葉で考えることさえできない。これは悲劇です」

私は、南アフリカのあと、メキシコで暮らし、カリブ海のハイチという国に何度か仕事で行きました。ハイチは世界で最初に奴隷解放運動が起きた土地で、トゥーサン・ルーベルチュール（1743〜1803年）という英雄がフランス革命の前にこの地で革命を起こし、世界で最初に奴隷が解放された地です。住民の多くが元奴隷の子孫のせいか、ハイチは常に欧州やアメリカのメディアや学者から「カリブ海のアフリカ」と呼ばれてきました。

でも、私が通ったハイチは、アフリカとは明らかに違う印象でした。先祖伝来の言語を保ち続けている、例えばアフリカ中部の人々と、アフリカの各地から集められたまったく出自の異なるディアスポラと言われるハイチの人々とでは、外見は似ていても、醸し出す雰囲気、集団のエネルギーが全然違うのです。

ゴーディマさんは南アフリカにずっと暮らした人ですが、アメリカ大陸のアフリカ系住民とつき合う中でわかったんですね。彼らは明らかに違うと。その理由を彼女は「母語の喪失」と捉えたんです。それが真実かどうか、私には判断しようがありません。私がハイチを訪れてわかったのは人の雰囲気の違いでした。

とは言え、私はゴーディマさんの意見に傾いていたのでしょう。彼女の言葉が私の中にずっと残り、ジョージ・フロイド事件を聞いたとき、アメリカの黒人は差別や警察の暴力の被害に遭うだけではなく、母語を失ったときに悲劇は始まったと思ったのです。

これは自分たちの問題だ

ジェンキンスさんの言う、70年代から変わらない差別状況。そして、ゴーディマさんが語った、母語を奪われた悲劇。それらを踏まえた上で今回の事件を見ると、ロドニー・キング事件の無罪評決から28年が過ぎても同じではないかと、諦めた気分になりました。ところが、一つ大きな違いがありました。アメリカの親しい友人やロサンゼルスに住んでいる娘にデモの様子を聞くと、黒人以外の人たちの受け止め方が違っていたのです。

92年は「ああかわいそうに、ひどい差別だ」という反応で、せいぜいが「なんとかしなくちゃ」と嘆くくらいで、多くの人にとっては他人事《ひとごと》でしたが、今回は当事者意識を持つ人が少なくなかったのです。「これは自分たちの問題だ」「自分たちは黒人差別で良い思いをしてきた」と、差別をしていないと思っている人も自分の中の差別意識を考え始めたというのです。それが大きな違いです。

警察に対する抗議デモやＢＬＭ（ブラック・ライブズ・マター）運動に参加する人たちの中心は、アメリカでジェネレーションＹ、あるいはＺと呼ばれる世代です。幅広く考えると80年代半ば以降生まれも含みますが、およそ90年代から２０００年代初頭ぐらいまでに生まれた世代です。

この世代は気候変動の問題に敏感で、意識が高いとよく言われます。車を持ちたがらず、日々の享楽にあまりお金を使わないなど、行動にも特徴があるようです。でも、もちろんそうではない人もかなりいるでしょう。世代論で物事を説くのは簡単ではありません。例外がいくらでもあるからです。ですから、ここで言うのは一つの傾向です。

Y世代以降が上の世代と決定的に違うのは、物心ついたころから日常的にITに接している点です。小さいころからグーグルで宿題をし、SNSを使いこなしています。

彼らがSNSでデモを動員した点は、2010年末に始まる「アラブの春」と同じですが、彼らの新しさは、SNSを介してアメリカの史実をつぶさに掘り起こし、広めた点です。

そこが1992年の、ロドニー・キング事件の評決に対する反応と大きく違うところです。28年という歳月です。

事件は人々をより差別のないほうへと向かわせるのか。あるいはエポック、ほんの短いトレンドで終わるのか。それはわかりませんが、差別の歴史に目を向け始めたアメリカの若い世代、そして欧州の反応に私は強く惹きつけられました。なぜなら、それは自分が90年代から記事や本で書いてきたことと密接につながるからです。

アメリカで始まったデモはイギリスやフランスなどヨーロッパ各地に広がりました。これほどの広がりは1992年にはありませんでした。デモの地球的な広がりは、人々がこの問題をアメリカでの差別ということだけでなく、黒人全般に対する差別、つまり、奴隷貿易の時代まで遡って考え始めたからです。

ジョージ・フロイド事件の翌月、6月初旬にイギリス南西部のブリストルで、「町の偉人」

の銅像が港に投げ込まれました。エドワード・コルストン（1636～1721年）という人です。彼は街の発展のために尽くした篤志家ですが、エンスレイバー、いわゆる奴隷商人として蓄財した人物でした。コルストンは所有する帆船でアフリカからアメリカ大陸へ約8万4000人のアフリカ人を運び、うち約2万人が途上で死んだといわれています。非常に高い死亡率です。いかに過酷な状況で運ばれたかということです。それでも彼は長く町の偉人だったのです。

同じようにオックスフォード大学にあるセシル・ローズ（1853～1902年）の銅像も標的になる寸前でした。大学はデモなどで暴徒化した民衆が像を汚すのを事前に防ぐため、公の場から隠してしまいました。セシル・ローズは大英帝国によるアフリカ資源奪取の礎を築いた人です。

南アフリカでダイヤモンドが発見されたのは1867年で、ローズはその直後、イギリスから渡ってきました。彼はダイヤ採掘ではなく、そこで欠かせない水をくみ上げるポンプを売りさばいて富を築き、鉱区を買っていきました。そしてついにはダイヤ採掘を独占に近い形に持っていったのです。デビアスというダイヤの会社がありますが、ローズはその創始者です。

ダイヤが見つかると当然ながらダイヤモンド・ラッシュが起き、イギリスから多くの人が押し寄せ、その後、ダイヤを探る途上、現在のヨハネスブルク近くに金鉱脈が見つかりました。

すぐに始まるゴールド・ラッシュの渦中、ケープタウンからカイロまでをイギリス領にし資源を手中にしようとイギリス王室に促したのがローズでした。そんなローズらと同世代のイギリス人たちが、ダイヤや金のある土地から先住民を追い出す法律をつくりました。

当時は白人、黒人という言葉はまだ一般的ではありませんでした。代わりに先住民という言葉を使い、「鉱山・労働法」に彼らの排除を定めたのです。先住民はダイヤや金の鉱区を持ってはいけないと。そこではまだアパルトヘイトというアフリカーンスの言葉は使われていませんでした。でも、この鉱山・労働法が1948年にオランダ系白人が政権を握った直後にできたアパルトヘイトの原点だと私は考えています。だから、アパルトヘイトは誰がつくったのか、と問われれば、それは大英帝国の臣民、イギリス人ということです。ローズはその中心にいた人物です。

ジョージ・フロイド事件のあと、セシル・ローズの銅像が汚されるのではないかと、オックスフォード大学がすぐさま反応したのは、アメリカの黒人、フロイドさんの殺害が直接、いまだ清算されていない「大英帝国のアフリカ搾取」に結びついたということです。この速さが私には驚きでした。

フロイドさんの死はアメリカにとどまらず、イギリスやフランスに、そしてコンゴ民主共和国やルワンダ、ブルンジを支配したベルギーにもおよんだのです。ベルギーは遅れてきた帝国で、アフリカ植民地化のかなり末期に、レオポルド2世（1835～1909年）という国王がヘンリー・モートン・スタンリー（1841～1904年）というアメリカの探検好きの新聞記者を派遣し、アフリカ中部を支配下に置きました。その国王の銅像も今回、標的となりました。ゴーディマさんはアメリカの黒人は本当にかわいそうだと言いました。彼らがアフリカ人と違うのは、自分たちの母語さえも奪われたからだと。

そんなフロイドさんの死が、彼のルーツであるアフリカ、植民地として搾取されてきた大陸の問題へと人々の目を向けさせたのです。私には歴史の大きな転機に思えました。

私が高校1年の年、『ルーツ』というテレビドラマ（テレビ朝日で1977年10月2日から8日連続放送）が日本で流行りました。アレックス・ヘイリー（1921～92年）というアメリカの作家が自分の先祖のルーツを探っていく話です。アフリカに旅して最後の最後にようやく見つけるのがクンタ・キンテという名の先祖です。その先祖は奴隷としてアメリカに連れてこられ、プランテーションで働かされ、のちに解放奴隷となるのですが、代々その子孫が白人と交わり現代に至る長い物語です。放送されたのは、先ほどお話しした映画監督、バリー・ジェンキンスさんが描いたのと同じ、まさに70年代のことでした。

『ルーツ』は、アフリカからアメリカ大陸に連れていかれることがいかに大変かを描いていました。先述したイギリス・ブリストルの奴隷商人の例ですと、連れていかれる途中でおよそ25%もの人が死んだのです。

実際にどれだけの人たちが運ばれたのか。実数はわからないのですが、1000万人から2000万人という非常に大雑把な数があります。16世紀、1500年代の後半から19世紀、公式に奴隷制が最後にブラジルで廃止される1888年まで、それだけの人々がアメリカ大陸とカリブ海の島々に運ばれたのです。『ルーツ』を見た高校1年の私の記憶では、彼らはひどい状況で船に乗せられ、途中で次々と人が死に、数週間も大海原を運ばれていきました。ドラマが刷り込みになったのでしょう。私は大西洋を渡った人々に共感と呼んでいいのかわかりませんが、強い関心を持ちました。

奴隷貿易をめぐるスケッチ〜アフリカ〜

その関心が私を動かし、形となったのが二つの大陸を挟んだ物語でした。

1999年1月、私は「奴隷世界といま」という連載記事を書きました。南アフリカに住み始めて4度目の正月のことでした。西アフリカのガーナやギニア、南部アフリカを舞台にした、

「奴隷」をキーワードにしたルポルタージュです。

そのころ私はアフリカ大陸を3年あまり回り、ほんの少し実態がわかり始めたころでした。この大陸の「個人の運命」をテーマにしていた私は、彼らの過去を掘り下げる中で欧州による植民地主義が大きく影響していると知りました。そして、アフリカの人口を一気に減らし、活力を衰えさせた奴隷貿易について考えざるを得なかったのです。そこで書いたのが「奴隷世界といま」でした。

サハラ砂漠以南のアフリカ大陸は欧州に近いながら、長く軽んじられてきました。この地が初めて注目されたのは、奴隷貿易です。新大陸で多数の先住民族が虐殺や疫病で死んだあと、そこを埋めるようにアフリカの「上質の労働力」が運ばれていったのです。奴隷たちはアメリカ大陸に宗教や音楽などあらゆる文化をもたらしました。その半面、アフリカは何を得たのか。これが記事のテーマでした。

西アフリカ、ガーナで奴隷貿易をしたイギリス総督の奴隷館にいたガイド役の男性が愛想笑い一つせず、苦虫を嚙みつぶしたような顔のまま案内していた話や、完全に朽ち果てたギニアの奴隷館のスケッチを書きました。奴隷として大西洋を越えた人の末裔が100年の時を経て、アフリカに戻り、立派な大工として成功する話など、奴隷貿易がもたらしたプラスの面も描きました。建築に限らず、食や音楽などで両大陸はかなり影響し合ったのです。

奴隷貿易をめぐるスケッチ～ブラジル～

「奴隷世界といま」を書いた3年後の2002年、私はメキシコに暮らすようになり、取材の持ち場が南米だったため、今度は「ブラジルの中のアフリカ」という連載記事を書きました。

新大陸に連れてこられたアフリカ人は最初、どんな風景を目にしたのか。彼らの頭の中の地図に大西洋や新大陸はなかったのではないか。何週間も奴隷船に詰め込まれ、ようやく陸地に下ろされた人々の中には「故郷に戻れた」と錯覚した人もいたのではないか。なぜなら、ギニアあたりの風景と奴隷港のあったブラジルの沿岸の景色があまりにも似ていたからです。

そんな仮説を立て、逃げて逃げてとにかく故郷を目指したはずの逃亡奴隷の話を掘り下げました。アフリカ系住民の多いブラジル北東部のバイア州の話です。

逃亡奴隷が築いた村を訪ねますと、そこにいた長老が涙を流さんばかりの歓迎をしてくれました。「あなたのような人（東洋人）がこの村に来たのは初めてだ」と。話を聞いていきますと子孫の一人が、一族の中で初めて父祖の地、アフリカ大陸のナイジェリアに渡ったと知りました。ところが彼は「汚い。不衛生なのが嫌だった」とひどく失望してブラジルに帰ってきます。

中にはアフリカの地を踏み、「魂に響くものがあった。先祖の霊が出迎え、生まれ変わった気がした」と回想する人もいたのですが、この一族の末裔は明らかにアフリカに幻滅していました。

実際、ブラジルに暮らす黒人は自らの家系図をたどってアフリカの先祖のことを知ろうという気があまりないようでした。この連載の締めに書いた情景描写が、取材者としての当時の私の心理を代弁しています。

《45歳の息子は窓の外の暗闇に向かい、ずっと口笛を吹いていた》

こんな文章で始まるスケッチです。86歳の母親が、亡くなった夫の苦労話をしているのを脇で聞いていた息子は、何が面白くないのか、少し離れた戸口で口笛を吹いていたのです。

《私の夫は右肩に20キロ、左肩に20キロの砂糖をかついで、朝から晩までジャングルを歩いた。(中略)私たち黒人がブラジルをつくったのに、ずっと差別されている。あの息子は45歳になっても毎日家でブラブラしている。黒人だから仕事もらえないんだよ》

おばあさんの言葉は、誰かにどこかで何度も話してきたかのように、よどみなく、はっきりとしたセリフのようでした。そこに息子の寂しげな口笛が重なり、「言ってもしょうがねえ」と歌っているように私には聞こえました。

ブラジルはあらゆる人々が入り交じる「ラテン世界」。人種という言葉を乗り越えた土地というイメージがありますが、それは幻想だと言う人も少なくありません。1960年代にブラジル初の黒人政治家となったアブディアス・ドナシメント氏が残したこんな言葉があります。《平等幻想という不幸。差別はない、他と比べれば自分たちは平等だと思わされて育つ者の不幸がここにはある》

こうした不幸を抱えるブラジルなどアメリカ大陸に比べ、アフリカは違います。前述のゴーディマさんが言うように、奴隷貿易で活力を失いはしても、母語を奪われたわけでも、奴隷制の直接の被害に遭ったわけでもないからです。

当時、原稿を書くにあたり、唐突に「アフリカは優しい」という言葉を思い出しました。戦場をよく歩いてきたジャーナリストが私に語った言葉でした。

「アフリカを一言で言えば、なんだろうな、優しいんだよ、人が。この大陸は、人が優しいんだ」

端から見ると、差別され、搾取され、ひどい人生を送ってきた人でも「そりゃ、人間だから仕方ない」と言ってのけるようなところがアフリカの老人たちにはありました。

植民地時代の負の遺産について声高に言うのは、どちらかと言うと、私も含めたよそから来た人たちです。アフリカの特に中央部のコンゴ民主共和国あたりの人たちは「そんな昔のことを言っても、飯は食えない」と話題にもしない人が少なくありませんでした。

南アフリカの人種差別政策でひどい目に遭わされてきた人たちの多くは、ネルソン・マンデラ（1918〜2013年）の思想にならった面もあるとは思いますが、白人に報復しませんでした。ありのままの現実を受け入れ、敵を抱擁する。闇にばかり目を向けないアフリカ人たちの気質のようなものを私は感じていました。

私は両大陸の人々に強い関心を抱きはしましたが、いま読み返してみますと、アフリカでの原稿よりブラジルのほうが書き手の私自身も、書く内容も悲観的です。筆者の絶望感が表れています。ブラジルでの話を書いたのは41歳の私です。もちろん人々から話を聞いて、その話を書いているわけですが、そこには書き手の思いがどうしても入り込んでしまいます。

ブラジルなど南米に暮らすアフリカ系住民を追っているうちに、私の中に口笛を吹く息子と同じような、「言ってもしょうがねえ」という感慨が入り込んだのだと思います。諦観と言えるかもしれません。イギリスの資源搾取についてもずいぶん書いてきましたが、イギリスをはじめ欧州列強が直接の賠償に動いた話は聞きません。

私の中で、これ以上、両大陸の間に起きた奴隷貿易やアフリカの資源搾取の問題を追っても仕方がないんじゃないかという諦め、逃げの姿勢が出てきた。その転機がこの「口笛を吹く息子」のエピソードだったのです。

変わり始めるきっかけ

でも、その考えは間違いだったと今回のジョージ・フロイド事件で気づきました。やはり、負の歴史を見ていかなくてはいけないと思い直したのです。

おさらいになりますが、こういうことです。地理的にはとても小さな世界にすぎない欧州の人々は、長くアフリカの岸辺を通りすぎていました。コロンブスが新大陸に到達し、ヴァスコ・ダ・ガマがずっと南下して、喜望峰周りのルートを拓いてジャワに行き、インドに行って。アフリカはその途上で水や食料を補給する立ち寄り地にすぎなかったのです。でも、16世紀も後半になって初めて、欧州人はすぐ南にあるアフリカに注目したのです。強靱《きょうじん》な労働力を使って新大陸を開拓するため、アフリカ人を運んだのです。

その奴隷の末裔も、新たに外交官や貿易商として新大陸に来た人たちも、肌の色など外見を理由にいまも根強く差別されている。この差別はいつ終わるのだろうか。どういう形で終わるのか。ものを書く自分はそれを終わらせるために何か役に立てるだろうか。

たまたまアフリカに長く暮らしたお陰で、私はそんなことを90年代に考えました。それが一つの原動力となって2001年に本（『絵はがきにされた少年』第3回開高健ノンフィクション賞受賞）を書き始めました。でも、同時に、そのころの私は、前述の連載記事からもわかる通り、半ば絶望的な気持ちになっていました。人間なんて、そんなに簡単に変わるわけがないと諦め始めていたのです。いまから18年ほどの前のことです。

それでも自分の中に、常にアフリカはあります。この地をずっと思ってきたのですが、今回、ジョージ・フロイド事件があって、何かが変わる一つのきっかけになるかもしれないと前向きになれたのです。多くの人が明らかに、黒人差別、アフリカ搾取の問題を前よりも繊細に見るようになったからです。

コロナ禍の2020年代初頭、人々が本気で差別の問題を改めようとする時代にさしかかった。それが本当だとすれば、それに対する抵抗はこの先、より苛烈になるはずです。つまり、よりひどい差別が起こるかもしれない。そのあたりを見極めた上で、差別について、誰もが、これから先もずっと考えていかなければならない。大事なのは個人の頭の中です。一人ひとりが変わっていくしかないのです。

第5章
日本にアフリカ人差別はあるか

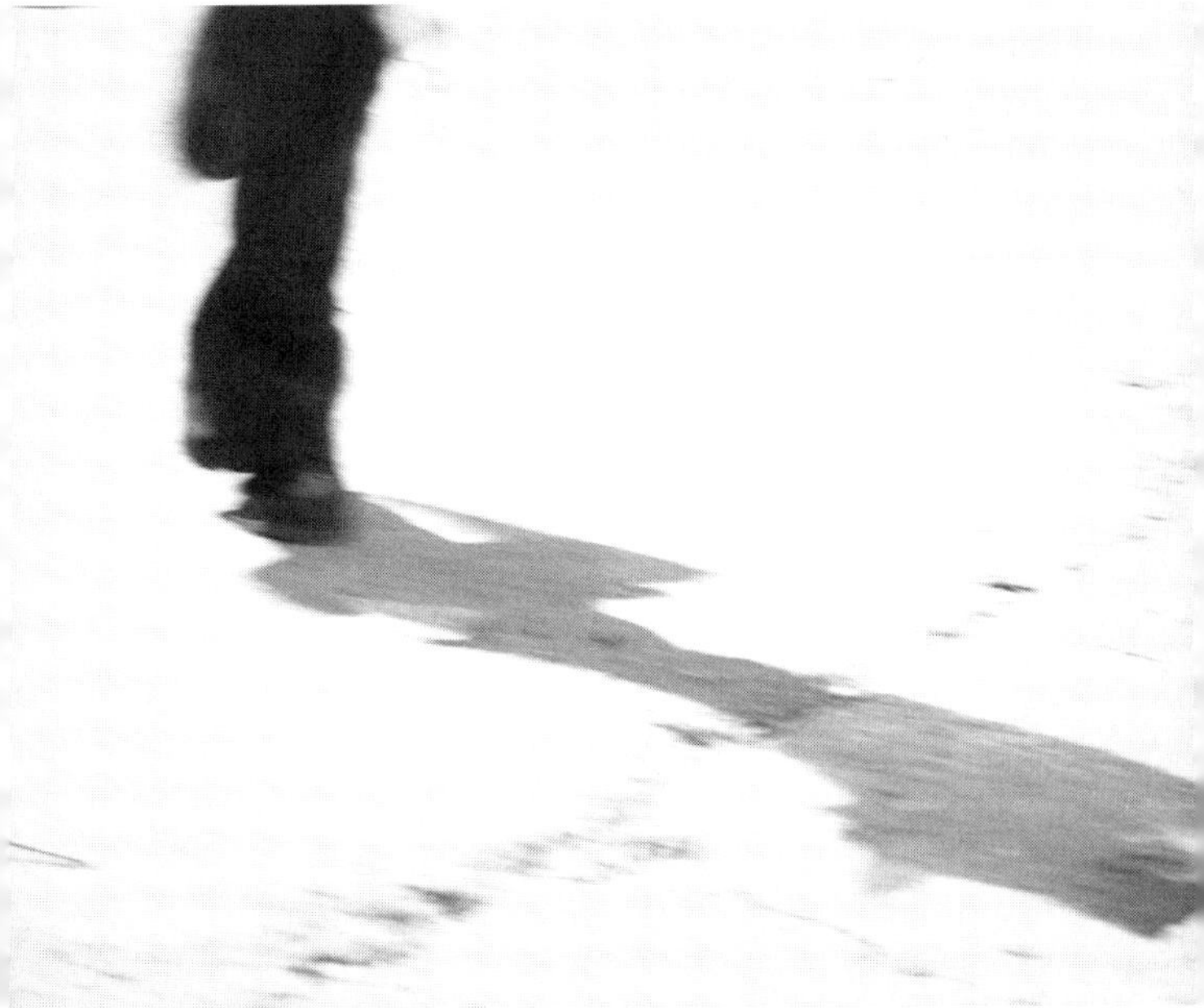

東京のアフリカ人

アフリカ人差別は日本にもあるのか？という問いを考えます。授業の内容に関連して、学生から「日本人はアフリカ人と接していないから、ほとんど差別はないのでは？」という意見がありました。私は本当にそうなのかなという気がします。

２００６年５月、メキシコから日本に帰ったばかりのころ、「東京のアフリカ人」というテーマで取材をしたことがありました。久しぶりに東京で暮らすことになって、アフリカ人らしき人をよく目にしたからです。聞いてみると、当時の東京には数万人のアフリカ出身者が暮らしているということでした。中には不法滞在者もいたので、数は大まかです。

友人に紹介してもらったのは、当時32歳のガーナ人、コーネリアス・アピアさんと、26歳の妻、静香さんでした。アピアさんと静香さんは、長男、エルカナちゃんと東京郊外の清瀬市に暮らしていました。アピアさんが来日したのは１９９９年です。日本語を勉強しながら、最初の数年間は墨田区で豚の解体作業の仕事をしていました。彼はキリスト教徒でしたので、小岩にあった教会の日曜礼拝に欠かさず通っていました。そんな折、ゴスペルを歌う会に行こうと東京西部まで足をのばしたとき、清瀬のファストフード店で静香さんと出会ったのです。

そのころ保育士をしていた静香さんもたまたま同じ会に行くところで、二人は気が合い、つき合うようになり、２００４年に結婚しました。

私が知り合ったころ、アピアさんはプラスチック加工の工場で働いていたのですが、「職場でいじめられる」とこぼしていました。

「同じ失敗をしても、日本人は怒られない。僕らだけ『だから黒人は』って言われるんだよ。でも、僕らは日本語が読めないから間違うのはしょうがないでしょう。そう、社長さんに文句を言っても、いじめを止《や》めてくれない」

また、アピアさんによると、ガーナ人の仲間がよくこぼすのは、電車で自分が座ると隣に人が座りたがらないことでした。同じ話を、高校で英語を教えている45歳のガーナ人からも聞きました。彼は実名を出してほしくないというので、ここではティムさんとしておきます。日本暮らしが14年目の人でした。

電車で彼の隣に立っていた若い女性がティムさんをチラチラ見ながら連れの男性に「臭い？」と聞いたそうです。男性が笑いながら「そうだね」と応じたのでティムさんが笑い出すと、二人は逃げるように立ち去ったそうです。

「こんなことをされるのは日本ぐらいだから、笑うしかないよ。僕を見て即座に日本語がわからないと思ったようだけど、想像力のなさというのか、無知もいいところだよ」

池袋でレストランを営んでいたカメルーン人の女性店主、ジュディ・アタンガさんも、やはり似た話をしていました。

「日本は治安が最高でいいんだけど、人が本当に無知で困ります。海外旅行に行っても何も学んでこないんですかねえ。アフリカ人はみんな同じだと思っているんです。真面目で勤勉な人たちなのに、世界や他の民族のことは驚くほど知らないし、無神経です」

それでも、前とくらべれば良くなったと言う人もいました。下北沢で輸入雑貨を扱っていた当時43歳のナイジェリア人男性、ガブリエル・ファエミさんは「日本人は変わった」と言っていました。

「1990年代の初めごろは、こっちが道を尋ねただけで逃げ出す人がいましたが、いまはそんなこと、全然ないですからね」

それでも、アフリカ各地から来日したばかりの人の中には日本を寒々しく思う人がいました。ガーナ人のセイドゥ・サレイさんは2001年に26歳で来日したとき、「本当の孤独を感じた」と言っていました。彼は外交官の父から「おまえはアジア通になれ」と言われ、マレーシアに留学し、次にインドに暮らしたとき、地元の青年たちから暴力的な差別を受け、逃げるようにタイに移りました。タイではすごく歓迎され、友達もたくさんできたそうです。

そんなアジア3カ国を回った末、今度は日本語を勉強しようと来日したのですが、人に露骨に避けられショックを受けました。これも電車内の話です。

「電車に乗ると、高齢の女性なんかは、固まってしまって、決してこっちを見ないし、まるで僕がそこにいないかのようにふるまうんです。あ、これはインドよりひどいと思いました。インドでは差別はされたけど、少なくとも僕に罵声を浴びせるとか、良くない形でも僕に関わってきた。だけど、日本では人が僕を遠巻きにして、誰も関わろうとせず無視するんです。これにはこたえました」

電話で父親に「もう日本にはいたくない」と訴えると、こう諭されたそうです。「電車でもどこでも孤独になったら周りを見ろ。必ずおまえを守ってくれる人がいる」

「父の言う通りでした。よく見ると、英語を話せないか、話せても恥ずかしくて僕に声をかける勇気がない。そんな人がいることがわかってきました。目を見ると、僕に親近感を持つ人が1車両に必ず何人かはいる。それに気づいたら、心が落ち着いたんです」

それ以来、セイドゥ・サレイさんは「日本もそんなに悪くない」と思えるようになったそうです。

そんな話を東京のアフリカ人から聞いたのが２００6年5月でした。それからちょうど10年が経ち、同じアピアさんに話を聞きました。10年前に「自分たちばかりが怒られる」とこぼしていたアピアさんはまだ同じプラスチック加工の会社に勤めていて、いまでは彼がいないと工場が回らない立場になっていました。

「僕らは仕事熱心だから、社長さんは『やっぱり外国人は頑張る』と褒めてくれますよ。僕はグループリーダーで、いろいろ教えているから、部下の日本人から『先生』って呼ばれてるよ」

日本が10年でどう変わったかを聞くと、電車でアフリカ人の隣に座らないなんてことはまったくなくなったと言っていました。冗談好きのアピアさんは、こんな言い方をしました。「もう、みんな疲れているから、我慢しなくなって、座りたいから座るんだよ」

要は「日本人がこの10年でずいぶん外国人に慣れた」ということです。

「日本人は外国人のことをわかってきたから特別扱いはしない。電車でもみんな、僕の横に座るし、日本人の同僚も『うちに遊びこい』と気軽に誘ってくれる。周りに外国人が増えて、いい方向に変わってきてるよ」

でも、実際に外国人と交流している人は限られていて、全体にはむしろ無関心な人が増えているという見方もあります。無関心だから、隣に誰が座っていようと気にしないということです。確かに、東京の電車に乗ると、スマホを眺めている人が大半で、以前にもまして他人への関心が下がっている気がします。

マルクス・ガブリエルさんとの対話

ちょっと脇道に逸れますが、ドイツの哲学者のマルクス・ガブリエルさんが2018年に初来日したとき、東京は「鬱社会」ではないかと私に言いました。つまり、個人ではなく社会が鬱に陥っていると。彼は「スピード」をキーワードにこう説明しました。

「資本主義でも成長経済でもなんでも、社会のシステムが一つの目的に向かい一定の速度で動いているときはいいのですが、その目的が失われたとき、システムそのものがシステムに反発するようになります。それが（社会全体の）鬱です。個人の場合、鬱は自分にあらがう力、ネガティブ思考で、これがときに自殺やひどい惨事を招きます」

成長を目指してきた社会が、経済の停滞で目的を疑い、逆向きの力が働くようになる。それが社会全体の鬱というのがこのときの彼の定義です。

「日本の資本主義は世界でももっとも速い社会システムの一つで、すべてが完璧に組み立てられ、成長をもたらしてきました。今も日本人が異様なほど時間に厳しいのは、マナーや礼儀正しさから来たのではなく、資本主義がもたらしたものです」

わかるようで、ピンとこなかったので、私はこう聞き直しました。

「経済が低迷しているのに、一人ひとりはスピードを落とさず前と同じかむしろ速く動いている。するとそこに齟齬《そご》が生じて、内向といった逆向きの力が働き、それが鬱を招くということですか」

するとガブリエルさんはニコッと笑い、ひどく生真面目なサラリーマンを口まねするような口調でこう応じました。

「速すぎるスピードの中で人は一瞬、内省する。そのとき個人の精神は呆然《ぼうぜん》と取り残されるか、システムに逆行する。目的が消えるからです。例えば、従来の速度が一気に落ちるとは、どういうことか。ある日を境に会議がなくなり、地下鉄に乗るのも、メールも電話もなくなり、ジムにもディナーにも行く必要がなくなる。その末に内省したとき、自分の思考が自分自身に反発してくる。それが鬱の要因です」

「でも、スピードが落ち、何も課されなくなっても、人は何かをして時間を埋めるものではないですか?」

そう反論すると、マルクスさんはピンとはじけたような顔をして、冗談交じりの口調でこう言いました。

「だから、スマートフォンが流行るのです。スマホは抗鬱剤。地下鉄でもどこでもみなが指先を動かすのは、内省から逃げているのです。精神が自分を食い尽くそうとするのを必死に防いでいる。スマホに没頭することで、鬱と闘っているんですよ。もしスマホがなければ人々は即座に鬱になる。……そうか、そういうことなんだ」

彼はしゃべっているうちに、新たな発見をしたようでした。

「では、スマホいじりは、スピードに囚われてきた人々の一種の強迫のような動きなんでしょうか。無意味とわかっていてもやらざるを得ないという」

そう聞くと、「そうそう、その通り」と言ってこう続けました。

「すでに十分あるのに、何事も高速で生産し続けなければ立ち行かない。そんな社会システムは間違いであり、それは我々の精神を壊し、その先にあるのは虚無だけです。間違いを認め、そこから脱却しないといけない」

これが彼の訴えです。スマホをやめろというのではなく、前に進まねばならないという自分たちの強迫観念、自分たちがおかしな状態にあることを自覚せよということです。

話はずれましたが、電車の中で他人への関心が衰え続けているのは否定しようがありません。それをスマホいじりが後押ししている。スマホをいじらなければ人々は内省し鬱に陥るから、というのがガブリエルさんの直感です。

なんだか悪循環、悪魔的なスパイラルですね。このままいけば他人にどんどん無関心になり、人を見ない社会となり、鬱を避けるためにスマホいじりに走り、さらに人に目がいかなくなるということです。

だとすれば、アフリカ人が電車で以前のように避けられなくなったのは、人々が慣れたというより、無関心が大きな要因という気もします。隣に座っている人のことなど気にも留めない人たちばかりですから。

ギニア出身の歌手、ニャマ・カンテさんの夫で国士舘大法学部教授の鈴木裕之さんも似た話をしていました。

「異文化交流と簡単に言いますけど、これにはかなりのエネルギーが要ります。移民してきた人々は越境という困難を乗り越えているので、常に高いテンションを維持しています。でも、日本しか知らない日本人は全体的に沈んでいます。学生を見ても、留学生と交流しないし、日本人同士のコミュニケーションも年々乏しくなっています。90年代といまとで明らかに違うのは、日本人が全般的に何事にも無関心になっていること。移民の受け入れを進めても、外国人に無関心な層、意地悪な層、受け入れる層がバラバラに広がっているだけで、社会全体の質が上がることにはならないのではないでしょうか」

アピアさんら外国人が日常生活でさほどストレスを感じないのはいいことですが、それは彼らが社会やコミュニティに受け入れられているだけではないようです。

ゾマホンさんは指摘する

もう一つ、お話ししたいのは、タレントのゾマホンさんのことです。西アフリカのベナンという国の大使をやっていた人で、１９８０年代から30年以上も日本に住んでいます。日本とベナンを行き来し、師匠のビートたけしさんとともに教育支援をしています。彼に日本でのアフリカ人差別を聞いたら、ぽつりぽつりとこんなことを教えてくれました。

来日したばかりのころは日本語もまともにできなくて大変でしたが、彼はその前に中国にいたため漢字は読めて、街の看板などを見て勉強したそうです。だけど、なかなかしゃべれない。

アパートを探そうと不動産屋さんに電話をして、「外国人ですけど」と言うと、相手が黙り込んでしまったそうです。彼は留学生だったため、「あの、上智大学の」と言うと、途端に相手の態度が変わり、「ああ、ぜひ来てください」と言われて、すぐに店に行きました。

するると、不動産屋の店主はゾマホンさんの顔を見るなりあれこれ理由をつけては、部屋を紹介してくれませんでした。ゾマホンさんは困ってしまい、日本語学校に出入りしていた電気屋さんに相談したら、保証人になってくれ、ようやく部屋を貸してもらえたそうです。以来、中野の小さなアパートに住んでいますが、近所の銭湯に通ううちに飲みに誘われ、だんだんと人脈ができました。

そんな経験から、「日本にももちろん黒人、アフリカ人差別はあるけど、ヨーロッパ、アメリカにある差別とは本質的に違う」と言っていました。彼は欧米での差別は「宗教的な差別だ」と言います。つまり、キリスト教やユダヤ教など一神教の場合、自分たちが本家本元で、異教徒のアフリカ人たちを改宗して救わなくてはならない、という考えが根っこにあるというのです。だから、欧米人はアフリカ人を「劣等民族」と低く見る。自分たちのほうが神のことも人間のことも、世界のこともよくわかっているという考えです。欧州中心主義ですね。

一方、日本の場合は、「単に知らないから差別をするといった程度じゃないかな」と彼は言います。「日本人同士でもまったく知らない人を信用しないのと同じように、自分が何をされるかわからないという意味での差別なので、欧州とは違う」と。

「でも、日本の場合、一度わかり合えると、すっと認められ、中に入れてもらえる。そういう意味で、欧州型のレイシズムは日本にはない、あっても本質的に違う」とも話していました。

来日した80年代とくらべると、いまはいろんな国の人が暮らしているので、日本人の反応は大きく変わってきたと、ゾマホンさんも先のアピアさんも言います。このため、前から日本にいる外国人が、新しく来る外国人を差別するようになっているそうです。差別と言いますが、彼らは「新しく外国人が来ることで日本がどんどんダメになっちゃう」と思っているのです。「前は街中で忘れ物をしても、どこでも、必ず出てきたけど、今は出てこない。外国人が増えたからだよ」などと言うんです。長年いる外国人が新たに来た外国人に対し、少し屈折した気持ちを抱いている、と。そんなゾマホンさんの話も面白かったのでつけ加えておきます。

第6章
アフリカ——遠望と条件反射

Kevin Carter/Sygma/Getty Images

差別を「微積分」してみる

差別とは何か、それをどう克服するか。そう問われたとき、抽象的な話よりも一人ひとりの人間がどんな目に遭ってきたか、どんな思いをしてきたかという個別の話に私は目を向けます。個人の話を断片として吟味し、それがモザイク状に積み重なれば、一つの大きな立体になる。その立体の形や表面の柄を眺めているうちに、そこになんらかの意味を見出《みいだ》していく、というほうが好きなんです。

個人の話は人間の世界のことですから、差別に絡んだものを必ず含んでいます。では、差別とは何か？　なぜそれがあり続けるのか。その断片を紹介していけば、核の部分、大事なところが次第にわかってくるのではないかと思いますので、その事例を話していきます。

ここではアフリカを舞台にした私の本、『絵はがきにされた少年』の中のある章を紹介しながら進めます。「お前は自分のことしか考えていない」というタイトルの章で、他人を助けること、援助とそれに絡んだ偏見、差別についての話です。

この短編は全部で12ぐらいの場面で構成されています。最初は長野市が舞台です。私がアフリカから日本に帰ってきて6年ぶりに友人に再会し、現地の写真を見せる場面から始まります。

その友人夫婦ら4、5人を前にスライドを上映し終えたら、友人の妻が少し沈んだ顔でこう言ったんです。
《私たちに何ができるのか。それを考えないといけないっていうか……。どうしたら、救うことができるのか、というのか》
その言葉に私はちょっと驚いて、うまく返事ができずにいると、彼女の夫がこう言いました。
《どうして救わなくちゃならないの。なんでそう思うんだろう。僕、全然、そんな風に思わなかったなあ。ああ、いいなあ。ああ、いい景色だなあ。ああ、いい顔してる。生きてるなあ。そう思ったけど、救わなくちゃなんて全然》
同じ写真を見ても、夫はああ、きれいだな、アフリカに行ってみたいという気持ちで見て、妻は《何とかしなくちゃ》と義務感のようなものに駆られたんです。
それ以上、話が深まることはなく、すぐに忘れるような出来事でした。でも、私の記憶に残っていたのでしょう。この章を書き出そうとしたとき、パッと浮かんできました。

11歳のときに上野で渡された栞

場面は変わり、1970年代初頭の東京・上野に遡ります。

1972（昭和47）年、私は小学5年生でした。上野駅の近くを歩いていましたら、一人の女性が私の前に立ち塞がりました。地下鉄から地上に上がる通路を上り、上野の山に向かう手前の横断歩道を渡り切ったとき、若い女性がいきなり私に何かを手渡したんです。見ると、長さ10センチほどの栞でした。栞は薄いプラスチック状で、中に押し花が入っていました。「どうも」と言ってそのまま行こうとしたら、その人が立ち塞がり、白いパネルを私の目の前に掲げたのです。パネルには裸のやせ細った赤ん坊が写っていました。

東南アジア、おそらくベトナムかどこかの子のモノクロ写真でした。それを見せられた私は、その写真と栞との関係がすぐにわかり、お金を渡さなくちゃいけないと思い、焦りました。ポケットには多分、電車賃や空腹をしのぐための立ち食いそば代として300円くらいは入っていたはずです。だけど、10円玉が結構入っていたので、10円を渡そうとしました。すると、その女性は手を後ろに組んで受け取らないんです。よく見ると、写真の下に「100円」と書いてあった気もします。

栞が欲しかったわけじゃないんです。でも、いきなり渡されたらもらいますよね。「ええ！100円も」と私はその栞を押し売りされたと思い、嫌な気持ちになりました。「じゃあ、要りません」と返そうとしたら、女性は手を後ろに組んで、受け取ろうとしないんです。いくら返そうとしても受け取らない。先に行こうとしても道を塞ぐ。その人は口のきけない人だったのかもしれないのですが、何も言わないのです。

向こうは大人で、こちらは小学生です。もともと気が弱いので、私は声を出して「要りませんから、こんなの」とは言えなかったんです。ただ、「うーん」という感じの状態がしばらく続いて、結局100円を出したんだと思います。でも、この辺は記憶があやふやで、もしかしたら栞を地面に置いて、立ち去ったのかもしれません。でも、その後、読書のときに本に挟む栞や、押し花を見るたびに嫌な気分になったので、お金を払って持ち帰ったようにも思います。栞を地面に置いたのは、のちのち、ああすれば良かったという自分の悔いが記憶として残ったせいかもしれません。

しっかりと覚えているのは、顔が熱くなるような恥ずかしさと対人恐怖の緊張とひどい後味の悪さでした。

条件反射の根底にあるもの

なぜこの話を短編の二つめの場面に入れたかと言いますと、11歳の子供が東南アジアの子の写真を見せられ、とっさに10円を渡そうとした反応を書きたかったんです。冒頭のスライドを見たあとの《私たちに何ができるのか》と言った友人の妻の反応と似ていたからです。11歳の私は彼女と同じだったのです。

「僕はこの押し花の栞はいらないし、栞とこの飢餓の子とどういう関係があるんですか？」と聞いてもいいのに、対話もないまま、私はすかさず10円を摑《つか》んだ。もし、最初から栞を１００円で売っていたら、目もくれず通りすぎるし、10円だったら買うかもしれませんが、そこにかわいそうな感じの赤ん坊がつけ足されるだけで、条件反射なのか、パブロフの犬みたいにポケットの小銭に手がいく。

何か良くないことを自分はしてしまった。子供ながらの反省、罪悪感があったから、その上野での体験をいつまでも覚えていたんです。

条件反射は新聞記者になってからも、いろんな局面で出てきました。三つめの場面はそのときの話です。

30歳で国際報道の仕事を始めたころのことです。まだ国が南北に分かれる前のスーダンに出張した同僚の女性が難民についての記事を新聞で連載しました。みなさんも見たことがあるかもしれませんが、慈善事業の一環として寄付を募るキャンペーンでした。

彼女は一本目の記事にどの写真を使うか迷っていて、目の前にいた私に「どっちがいいと思う？」と聞いてきたんです。２枚の写真があって、１枚は鼻を垂らした赤ん坊、割とまんまる顔の赤ん坊が泣いている写真です。どうして泣いているのかはわかりませんが、青鼻が垂れていました。もう1枚は、水を入れる瓶《かめ》を頭に乗せて歩いている女性の写真でした。民族衣装の女性で耳のあたりの花飾りがきれいでした。

「こっちに決まってるじゃないですか」と、迷わず瓶の女性の写真を選びました。いずれも難民キャンプの写真ですが、使われたのは赤ん坊の写真でした。変だなと思って彼女に聞いたら、「女の人の写真にしたかったんだけど、こっちにされたのよ」と言うんです。「なんで？」と聞いたら、「こっちのほうがそれらしいって」と。赤ん坊が泣いている写真のほうがかわいそうな感じがするんです。瓶を頭に歩いている女性だと、悲惨な難民という感じがしない。確かにそうです。

赤ん坊がわーっと泣いているのを見れば、死んじゃうと思う人がいるかもしれない。そうすると、思わずポケットに手を入れて、10円を出すかもしれない。そんな読者の条件反射を見込んで、編集側は写真を選んだのです。

当時、私にも赤ん坊がいて、写真の子供と同じような顔をしてよく泣いていました。だから、こんなのうちの子と何も変わらないじゃないかと思いました。アフリカの人が見たら、ただの赤ん坊の写真か？　という感じなのに、日本でそれを見せられると、ひどいことが起きているように思えてしまう。記事は全然印象に残らなかったのですが、その写真だけはよく覚えています。

それで、本の中では《私たちに何ができるのか》という友人の妻の条件反射をまず書き、次に私自身のそれを、そして、3番目に広く一般社会にある条件反射を書いたわけです。

似たようなことが何度もありました。実際、新聞社にはロイターとかAPなど通信社のカメラマンが配信してくる写真が湯水のように届きます。例えば、ニジェールでクーデターが起きたというので、記者は現地に飛びますが、当時はネット環境が発達していませんから、どこかの村の電話から原稿を送るんです。国際電話の料金がもったいないので、電話で原稿を読み上げ、東京にいる同僚がそれを文字にするんです。写真を送るのはかなり大変な作業でした。

それでも現場の記者の原稿を記事にする場合、原稿の脇にロイターやAPが配信する関連写真をつけていました。すると、原稿とは直接関係のない妙に悲惨な写真がよく使われました。世界中の新聞やテレビに向けて写真を送る通信社のカメラマンも凄惨そうな写真が使われやすいと知っているので、あえてそういう写真を撮るんです。

遺体の前に群がって、頭の側から、足の側から、バックに煙たなびく干し草などを入れてしつこく撮っているカメラマンをよく見たものです。

そんな写真を見せられた読者は、子供のころの私のように条件反射でパッとポケットに手がいく。

あるとき、やはり寄付を募るアフリカの記事で、小さな子供が難民キャンプでやかんを持って歩いている後ろ姿の写真が載っていました。その脇に「ママはどこ?」という見出しがありました。記事を読むと、「ママはどこ?」という話はどこにもない。その子が母親を探してるかどうかもわからない。全然関係のない記事なのに、たまたま絵になる写真をつけただけなんです。

国連や慈善団体の新聞広告を見ますと、「あなたの寄付でこの子の昼食の1年分を賄えます」などと書いて寄付を募る例がよくありました。そこに使われる写真は、カメラをじっと見つめる女の子だったり、悲しげな顔の赤ちゃんだったりします。何年も同じ子供が出てくることもありました。その子はその後どうなったのかと思うのですが、やかんの子と同じように説明はない。でも、中にはとっさに《私たちに何ができるのか》と思い、すぐさま寄付をする人もいるかもしれません。

こうした写真の究極が、南アフリカの写真家、ケビン・カーターがスーダンで撮った「ハゲワシと少女」という作品です。サバンナのような土地に少女がうずくまり、その背後にハゲワシが映っている。見た途端、記憶から離れなくなる写真です（本章扉参照）。

この写真は「ニューヨーク・タイムズ」の一面に掲載され、巨大なポスターがヒースロー空港に飾られ、世界食糧計画（ＷＦＰ）に多額の寄付をもたらしました。

背景はどうでもいい、とにかく、その写真の衝撃が少女への憐憫を誘い、人々が一斉にお金を送った。

間違ったことではありません。でも、私はこれを初めて見たときから、その写真の向こうに何があるのか、少女はそのとき何をしていたのか、どうして突っ伏しているのか、ハゲワシは少女を襲ったのか、といった背景が気になって仕方ありませんでした。

実は写真家のケビン・カーターはこの写真を撮ってほどなく自殺しました。「写真を撮る前になぜ少女を救わなかったのか」という批判に耐えかね、自殺したという伝聞が広まりましたが、実際はそうではありませんでした。彼は思春期のころから双極性障害を抱え、また、長年、南アフリカのダウナー系の麻薬、マンドラクスに依存していて、自殺当時は精神的にかなりひどい状態になっていたことが取材でわかりました。

そして、彼の友人のカメラマン、ジョアン・シルバさんに聞いたところ、あの写真の背景を知ることができました。

写真が撮られたのは、スーダン（当時）の飢餓地帯に世界食糧計画の飛行機が降り立ち、そこで現地の人たちにとうもろこしの粉など、食料を配っているときでした。飛行機に一斉に群がった人たちの中には母親も多く、彼女たちは抱えていた子供を地面に一時置いて、食料に手を伸ばしていました。

ケビン・カーターが、やせ細った子供の一人にカメラを向けシャッターを押そうとした瞬間、後方にたまたまハゲワシが舞い降りてきた。これはすごい写真になると思い、慎重に移動しながら、半望遠レンズであの作品「ハゲワシと少女」を撮ったのです。

そもそもハゲワシは腐肉を食べるが、人間を含め生きた動物を襲わないという見方をする人もいます。それ以前に、あの写真のすぐ脇には母親ら地元の人たちでごった返していて、他にも同じように地面に置かれて突っ伏した格好をした子が何人もいた。ハゲワシが彼女を襲うというような状況ではなかった、ということでした。

私がこの写真に何年もの間、こだわり続けたのは、アフリカでのリアリズムについて考えていたせいです。アフリカには悲惨な風景の中にも、目を凝らせば、人の日常があり、その中には幸福を感じさせる瞬間があります。だから、私は内戦取材などを続ける中、悲劇のイメージを広げることに次第に抵抗を感じるようになりました。

アフリカの貧民街を遠くから見ているのと、実際にそこに降りて、しばらく暮らしてみて見えてくる風景は全然違うんです。ナイジェリアのラゴス郊外にオショディ市場というところがあります。1990年代の末、その青空市場に人の群れが延々続いている風景が私は好きで、よく写真を撮りに行きました。慣れてくると、今度はその人混みの中へとずんずん入っていき、いろんな人を間近に見る。そのとき、同じ風景なのに私の感じ方がずいぶんと変わっていることに気づきました。

遠望と接近は違います。対象を遠くから見るほど、悲惨に見えたり、危なそうに見えたりして、一方的な憐《あわ》れみ、恐怖が湧きやすいのです。

でも、「ハゲワシと少女」という写真には、そんな生半可な思いを打ち砕く衝撃力がありました。ですから、写真の背景を調べたのです。

私が最初にこの写真を見たのはアフリカに行く前のことでした。新聞でちらっと見たのですが、そこに私は勝手な物語をつくりました。半砂漠の大地を少女がたった一人で歩いていく。長い日照りで食料も水もなく、少女は地面に突っ伏す。すると、そこにハゲワシが降りてきて、少女を食おうとしている。こんな悲惨な生があるだろうか。シンガーソングライター、小椋佳《おぐらけい》の歌のタイトルではありませんが、『ほんの二つで死んでゆく』。これがアフリカの現実だ、これがアフリカの日常だ。

でも、何年もアフリカ各地、特に当時内戦がひどかった中部を回っていますと、写真を一瞥《いちべつ》しただけで、こうした物語を、妄想を勝手につくってしまうのは、アフリカではなく、自分自身の問題だと気づきました。

自分は明らかにアフリカ全般を差別していたのです。

合点がいくというのでしょうか。見る側がよく調べもせず、すっきりした物語に仕立て上げてしまうのです。新聞記者の先輩の一人が「なんかすっきりした原稿っていうのは大体ダメだよ。何を書いているのか、結論もよくわからないのがいい原稿なんだ」と言っていました。少し極端な言い方ですが、私はこう解釈しています。人は何事も短絡させたがる。物事を理解し、「ああ、そういうことね」と納得したがるものです。なぜなら、そのほうがすっきりするんです。あれはどういうことなのか、なぜああなのか、といった疑問や引っかかりをきれいに流し去ることができるからです。

テレビでわかりやすく解説する人がいますが、それはすべての対象にラベルを貼り、AだからBと対立しSのような状況に陥ったといった公式に当てはめてみたほうが、人は理解した気持ちになれるからなのです。でも、公式に当てはまらない物語を読まされると、その人の中にすんなりと図式通りの解答が出ない。すると、答えのないまま問いがいつまでも残り、気分が落ち着かないのです。

それはよく知らずに相手を掌握すること、相手の真意をはからずに対象を摑み取ったと思い込むことですから、とても差別的な視点と言えます。

勝手に納得するよりも、まず相手を知ることが大事です。それをしないのは、どこか相手を侮っているのでしょう。私がそうでした。アフリカに来るまで、私はかの大陸のイメージを勝手につくり出し、こんなもんだろう、と思い込んでいました。だから、「ハゲワシと少女」を見て、そこにある悲惨なる生という物語を自分でつくってしまったのです。条件反射です。

アフリカに何年かいると、そういうことにうんざりしてきます。自分自身がインサイダーになって、日本から遠望される立場になる。自分は完全にアフリカの人間になったわけではないのに、アフリカと日本の間に浮いたような存在になって、一方的な見方はやめろよ、違うんだよと、あれこれ内省するわけです。

遠望ではわからないアフリカ

ザンビアという国があります。長くイギリスの植民地でしたが、そこの農村を訪ねたことがありました。しばらくいて、最初は飲めや歌えやの大歓迎を受けましたが、何日かいて、できるだけ目立たないようにして、村の人たちの様子を見ていたんです。だんだん向こうも慣れてくると本音を語り出します。

雨がずっと降らず、飢饉《ききん》になるんじゃないかと言われたころでした。あるおばあさんに話を聞く機会がありました。麦を棒で叩く仕事を一日中やっているおばあさんの脇で、私は一緒に来ていたザンビア人の現地語の通訳とその様子を見ていたんです。そのとき、おばあさんが唐突にこう言いました。

《はっきり言って、食糧はもらいたくないんです。届いたときはみな喜び、何日間かは思いっきり食べますけど。なくなったとき、とても、空しい気持ちになるんです。私たちはこんなに働いて、トウモロコシをつくっても、結局、ただでもらったほどのものをつくれない。だから、もらうのなら、まだ肥料をもらった方がいい。乏しい収穫を前に、これをどうやって分けて、どうやって食べていこうかと思っているときに、ただの食糧が来ると、もう働く気がしなくなるのです》

この村の人たちはベンバという民族でしたが、74歳の族長はこう言いました。

《正直言って、ここの農民はもう終末を迎えています。楽観できることなど何もありません。この国には銅があるから誰も農業のことなど考えなかった。肥料や援助金は政治家や官僚の私腹を肥やしただけです。政府の農業官僚は一度もここに来ない。国際機関から援助金を貰うため、海外に行っては、あれこれ嘘をつくが、農民のことなど何も考えていない。我々はまあ、外国の援助団体を相手に物乞いをしているようなものです》

そして、寂しそうにこうつけ足しました。

《村人の多くはまだ気づいていません。無知なる者は幸せなのです。明日を思い煩っても、かなり先の未来のことを考えませんからね。でも、木はなくなり土地は死に、もうこの村は取り返しがつかないのです》

実際、その地はその後、ひどい干魃《かんばつ》に襲われました。

助けるってどういうことなんだろう

ヨーロッパ人はアフリカ大陸にただ入植しただけではなく、奴隷貿易のあと、産業革命のころから天然資源を奪うようになり、その流れに乗ったシステムがいまも続いています。もちろんそれによってアフリカも豊かになりましたが、奪われてきた面も大きいのです。

例えば、ミシュランというフランスの会社があります。三ツ星レストランなどを決めるタイヤの会社です。人々が旅行に出かけたら、タイヤも消耗するからと、旅行関連の地図やガイドブックをたくさん売っています。ダンロップは資本がアメリカに移りましたが、もともとはイギリスの会社です。あと、ミネルバというベルギーのタイヤ企業があります。

なぜタイヤなのか。ゴムの木のある植民地を持っていたからです。フランスは現在のニジェールや象牙海岸と呼ばれたコートジボワール、それとセネガル、カメルーンなどを持っていました。イギリスはガーナや広大なナイジェリアを植民地にしていました。ベルギーはコンゴ、かつてのザイールやルワンダ、ブルンジです。こうした西から中部にかけてのアフリカでゴムが採れるのです。ゴムは緯度の高い土地では採れない、主に熱帯にある樹木です。日本だと、インドネシアでゴムが採れるから、ブリヂストンはここからゴムを持ってきて、タイヤをつくっていました。19世紀の終わりに自動車が出てきて、タイヤの需要が一気に増え、アフリカからインドネシア、ブラジルへとゴム生産が広がりました。それならアフリカ人が自分たちでタイヤをつくって、売ればいいじゃないかと言っても、技術も販路もないので、フランスなどがゴムに関する利権を持っていったんです。カカオからできるチョコレートについても似たことが言えます。チョコはベルギーが有名ですが。

そんなふうに原料、天然資源を持ち出されてきたのがアフリカ、特に儲《もう》けたのがイギリスです。それなのに先頭に立って「アフリカを救わなくちゃいけない！」と言い出したのもイギリス人なんですね。イギリスは奴隷貿易で儲けましたが、最初に大々的に奴隷解放を唱えたのも、一番搾取したのも、援助活動を熱心に始めたのもイギリス人です。いずれもこうした「イベント」になりますと人、金が動きます。つまり、イギリス本国が潤うのです。

アフリカにいて、そんなからくりを見ている中、援助とはどういうことかと私なりに考えました。写真や映像を見て「私たちに何ができるのか」と思うのは大事なことです。条件反射でポケットの10円を出すのもいいでしょう。困っている人に直に渡るのなら。

では、助けるってどういうことなんだろうと考えていたとき、南アフリカ出身のノーベル賞作家、J・M・クッツェー氏の言葉にいきあたりました。『マイケル・K』という小説に出てくる言葉です。

主人公のマイケル・Kは知的障害のある口唇裂の35歳くらいの男です。母親が死にそうになり、病院に迎えに行き、彼女をショッピング・カートに乗せて故郷に連れていこうとします。途中で母親は死んでしまうのですが、彼は旅を続け、一人で南アフリカのカルーという土地を歩き回ります。火星みたいな風景の岩砂漠の土地です。そこはどこまで歩いてもフェンスがあります。フェンスの中に入ると、猟銃を持った人間に追い回される、アパルトヘイトの時代の話です。喉が渇きお腹が減っていたとき、Kはある農民の家族に助けられます。

Kがその家族に、他人の領地に入ったら撃たれるかもしれないという話をしたら、その家の主《あるじ》がこう答えます。

《そんなことは聞いたことがない。人々は互いに助け合わなければいけない。私はそう信じています》

Kはそれを聞いて、「助ける」ということについて考え込みます。その言葉は彼の心の中に深く沈み、《人を助けることを自分は信じているだろうか》と自問するのです。そして、自分の中からこんな答えが出てきます。

《自分は人を助けるかもしれない、助けないかもしれない、そのときになってみないとわからない、どんなこともありうるのだから。自分には信念はないような気がした。いや、助けるということについての信念がないようだ。たぶん俺は石ころだらけの土地なのだろう》

その家を離れる際、Kは「ありがとう」と言えないままテーブルについています。それでも、何か話をしなくてはならないとずっと思っているんです。助けてもらった以上、自分は何も返せないわけですから、言葉で返すしかない。しかし、何一つ言葉を発せられないまま、別れます。

この家族との話はそこで終わりますが、私に響いたのは、この言葉です。

《自分は人を助けるかもしれない、助けないかもしれない、そのときになってみないとわからない》

その通りだと思いました。「助ける」というのは信念や思想、義務のようなものではなく、そのときの自分自身の心、本当の姿を自分自身に問うことなのではないか、と思うからです。

自分もどこかそういうところがあります。以前、こんなことがありました。

20歳を過ぎたころの札幌で、私は山岳部で山登りばかりをしていました。そのころ、難しいルートを山田君（仮名）と登っていたんです。彼は私よりも二つ年上でしたが、私が連れていく関係でした。

ところが晩秋になって彼が突然、山岳部をやめると言い出したんです。びっくりして、同期の仲間を呼び出して彼を慰留しました。理由を聞いたら、ある宗教団体に入ると言い出したんです。信者に誘われ泊りがけの合宿に行き、入信を決めたのです。私は彼を入信させたくなかった。なぜかというと、そこに入ると抜け出せなくなり、大学もやめなくてはならないと聞いていたからです。

かなり説得した末、彼はこんなことを言いました。「カンボジアで子供たちが飢えて死んでいるのに、自分は山登りなどして学生生活を楽しむことなんてできない。自分は困っている人を助ける道に行きたい」

それでも、私が説得し続けると、のちに同じ団体に入ることになる同期の男が私に向かってこう言いました。「お前は自分のことしか考えていない。山田のことを本気で考えているとは思えない。お前は、自分が山に登りたいから、それで山田を止めようとしてる」

そのとき、私はどう答えていいのかわからなかったのですが、こんな反論をしました。

「そんなもの、自分がやりたいこともやらずに、人を救うなんてことができるのか。自分が本当にやりたいこともわからないまま、人のことなんか考えられるのか。カンボジアの子供とお前とどういう関係があるんだ」

最終的に山田君は入信し、大学もやめました。その晩のことが私の中で傷のように残り、アフリカで過ごしていたとき、何度なくよみがえってきました。

私が小学生のときに条件反射で10円を出そうとしたときの違和感と同じです。その写真の子がどこの誰なのか。どういう状況でその写真を撮られたのか。そんなことを知らずにただ金を出す。それは前後が逆じゃないか。「カンボジアの子供たちが死んでいく」と言うが、君はそれをいつ見たんだ。どこで、その当事者になったんだ。そんなことを言う前に、自分の目でまず見たらどうだ。それができないなら、自分の周りで困っている人を助けたらどうなんだ。そんなふうに自分の中で反論するのですが、「お前は自分のことしか考えていない」という言葉が何度も何度も私を責めてきました。

助けるには熟考が必要

声高に言いたくはないのですが、私はアフリカでいろいろな人を助けようとしました。うまくいった例もありますが、そうでない例も多かったのです。そんな中、先ほどマイケル・Kが言ったように、《自分は人を助けるかもしれない、助けないかもしれない、そのときになってみないとわからない》という言葉が痛切に響いたのです。

助けるかどうかは、具体的な対象がいて初めて成立する問いだと思うんです。漠然と助けなくちゃいけないという思いが先立つときは、助けるべきかどうかを深く自問していないように思えるのです。

人を助けなくてはいけないという言い方は、「世のため、人のため」という言葉と同じく、口先だけの言葉に思えます。それ以前に大事なのは、相手がどういう存在なのかをまず知ることだと思います。知って初めて助けるかどうかという問いが出てくる。その人の裏表、嫌な部分もいい面も、ずるい部分も正直な面も全部考えた上で、自分の中にある善悪を基準に判断する。しかも猜疑心《さいぎしん》を織り交ぜながら考える。助けるには、熟考が必要なんです。もちろんとっさに身体が動く救助は別ですが。

人を助けるとは、その人間に深く関わることですから、裏切りや失望から自分が傷つくことを受け入れることでもあるのです。条件反射的にお金を出すことはできる。しかし、それは本当の意味で、誰かに関わることではない。そんなに簡単に反応してしまうところに、私は、かつての自分のように、相手を侮っている視線を感じます。

アフリカを救わなくちゃいけない、助けなくちゃいけないという声を時々聞きます。それは大事なことですが、その前に一人でもいいから誰かを助けることができるのですか、という問いをぶつけたくなります。

遠望して、相手のことをよく知らぬまま、寄付金を送る。それはいいことですが、それよりも、相手をまず知ることが先ではないのか。アフリカで私はそのことを学びました。属性で相手をひとくくりにすることや、スローガン的な一般論、抽象論がとても苦手なのはそこからきています。

第7章
名誉白人、属性に閉じ込められる不幸

アパルトヘイト撤廃直後の南アフリカで

本章では「名誉白人の人種感覚」という話をします。

私が南アフリカに住み始めたのは1995年10月で、人種差別と闘った弁護士、ネルソン・マンデラが政治犯として27年の獄中生活から解放された90年2月11日から5年半ほどが過ぎていました。

南アフリカには法律、制度としての人種差別が、イギリスから独立した1948年からあり、この制度はアパルトヘイトと呼ばれていました。独立後、この国の政治を握った現地のオランダ系白人であるアフリカーナーの言語、アフリカーンス語で「分離」という意味です。

第4章でも触れたように、アパルトヘイトの考え方はイギリスの支配下、あるいはそれ以前、イギリス人らが大挙して押し寄せる19世紀後半のダイヤモンド発見のころからありました。採掘権や鉱区の所有をアフリカの現地人に渡すことなどを法律で制限したのです。第二次大戦後の1948年以降、白人と黒人、そしてインド人ら非白人を非常に細かく分け隔てようとしたため、アフリカーナーたちが独自に生み出した制度と見られてきました。ですが、この考え方はイギリスなど欧州列強のものです。

ここでは、いまは何ら根拠のない非科学的な用語で、肌の色の違いに着目した「人種」という言葉を使わせてもらいます。アパルトヘイトは、人種別に住む土地や立ち入りできる公共施設、森、浜辺などの場所をすべて細かく分けた制度で、差別の基本となる五つの法律がありました。原住民土地法、人口登録法、集団地域法などですが、それら全部が廃止されたのが1991年の6月でした。

科学的根拠がないというのは、例えばコーカソイドと呼ばれる白人と、ネグロイドと呼ばれた黒人の「人種」の違いはどこにあるのか。その際《きわ》にいる人々はどうなるのか。例えば、スペイン人、ユダヤ人、アラブ人、ギリシャ人は「白人」と言えるのか。もしそうなら、「黒人」はどこから始まるのか。

そこに明確な答えがないように、「白人」と「黒人」という言い方には、きちんとした線引きがないのです。この言い方も17世紀の奴隷制とともに北アメリカで生まれ広まった言葉で非常に新しいものです。

これまでの章で使ってきたように、人種、白人、黒人、黄色人種といった言葉はあくまでも話を図式化するためや、当時の制度を語る上で使っていると思ってください。その色分けに明確な根拠はありません。

アパルトヘイトはその色分けに基づいた制度ですが、同じ制度がアメリカには60年代まであり、アフリカでもほぼすべての国が独立する1980年ごろまで当たり前のようにありました。南アフリカではそれが91年まで残っていたため、「悪の帝国」といった見方をされていました。例えばメキシコ人が「この国の差別はひどいけど、南アフリカのアパルトヘイトほどじゃない」などと言っていたのです。

私はそんな南アフリカに家族と一緒に行きました。妻と子供二人です。そこに5年半暮らし、2001年4月に帰国し、前述の『絵はがきにされた少年』を書きました。

この本は、アフリカでの経験を反芻《はんすう》したものです。日録ではなく何年も経ってから本にすると、実体験のささくれだった部分がきれいに磨かれてしまうことがあります。出来事が時とともに平易な言葉に収束し、丸め込まれていくのです。

対して、いま起きていることを、自分の感覚のまま書くのが記者の仕事です。見て感じて、これは何か、この事件の意味はどこにあるのかと煩悶《はんもん》し、締め切りギリギリになって必死にまとめる。つまり、よくわかっていない段階で書くわけです。南アフリカに暮らし始めたころの、そんな荒削りな感覚が出ている文章を紹介します。私の話がどこに飛んでいくのかと戸惑う人もいるかもしれませんが、本章では人種感覚について話しますので、キーワードとして感覚という言葉を覚えておいてください。
《「妙な感覚だな」。ハンドルを握りながらそう思った。朝、子供を学校に送った帰り、いつもの渋滞でイライラしていた時のことだ。対向車に非白人ドライバーを見つけると、どういうわけかホッとするのだ。アパルトヘイト（人種隔離）という特異な歴史を持つ南アフリカに住んで2年余り。慣れたとはいっても、人種をさほど意識せずにすむ日本に育った身としては、皮膚の色が気になる。それにしても、この「妙な感覚」はどこから来るのだろうか》
これを書いたとき、私は南アフリカのヨハネスブルクに住んでいました。街の北郊外のサントンと呼ばれる旧白人居住区です。もともとユダヤ人が住んでいた地域ですが、そこにショッピングセンターができて豊かな雰囲気になったので、白人もそこに集まるようになり、アパルトヘイト後はさまざまな人たちが住むようになった地区です。長く、持ち家の所有者はほとんどが白人で、黒人は使用人として住み込んでいました。
私の前任者の特派員は巨大なプールつきの邸宅に住んでいて、私たちもそこに入りました。ヨハネスブルクは天気がいいので、旧白人居住区の多くの家にプールがついています。そこに住んで、2年ほどが過ぎたころ、対向車の運転席にインド系や黒人を見つけると、ホッとする感覚がありました。

私は主に日本人の中で育ち、人種的な軋轢《あつれき》を知らないまま生きてきたので、南アフリカのような多人種の社会は初めてでした。それ以前の１９９３年から94年の1年間、メキシコのグアダラハラ大学に留学していたので、多民族社会のことは大体わかっていましたが、南アフリカはあまりに露骨に分かれていたため、なじむのに時間がかかりました。

90年代後半は、黒人のビジネスマンや官僚がサントンのような旧白人地区に移り住んだ時期でした。いまでも白人が多いようですが、当時は黒人がとても少なかった。ですから、その白人の町に中級クラスの黒人が増えたのを認めると、嬉しかったんです。社会が少しは良くなるんじゃないかと感じられたからです。

住み始める前に私がイメージしていた南アフリカの黒人は、「哀れで純粋で、正義感に満ちた闘士」という像でした。先ほど触れた英雄、ネルソン・マンデラのような「善の象徴」です。一方の白人は「野蛮なる差別主義者」と見ていました。

ところが、こうした偏見、先入観は見事なほどあっさり崩れます。白人と言っても、日本人もみな同じではないように、ものの考え方から暮らしぶりまで、人によってまったく違います。黒人も同様です。それぞれの区分の中に雑多な人々がいますので、単純に色分けなどできない。

それでも自分の頭の底に完全には消えない偏見があり、「黒人すなわち善人」が車を運転していると、ホッとする感じが、2年住んでもまだ残っていたのです。

中国人老女との出会い

そのころ、ちょっとした事件がありました。

２０００年になる直前、世界中の家族の歴史を紹介する企画記事がありました。私にも新聞社から「アパルトヘイト」をテーマに依頼があり、ずいぶん悩んで、中国系の住民のことを書こうと思いました。白人と黒人の狭間《はざま》にいた中国人を描けば、この国の歴史がリアルに、新しい形で描けると直感したからです。

当時、南アには中国系の人が1万人ほど住んでいて、大学進学で良い成績を上げる中国系の学校もありました。学校には中国系に加え白人も黒人も通っていて、入るための試験もかなり難しく、優秀な子供が集まっていました。学校を取材したとき、彼らの歴史が面白いと思い、中国系住民の老人ホームを訪ねたのです。

老人ホームはヨハネスブルク郊外の旧白人居住区の外れにありました。その施設で年配女性の話を聞いていたとき、隣の部屋から叫び声が聞こえてきたんです。何を言っているのかわからないんですが、とにかく怒鳴っている。目の前の女性に聞くと、広東《カントン》語で私のことを怒っていたんです。そのうち、私たちのところにまで来て、「ジャップ（日本人）がこんなところに来るんじゃない！」「お前なんか来るな！」と私を指さして叫び、職員たちが彼女を連れ戻そうとすると、さらに騒ぎ出したのです。私がインタビューしていた女性は「すみませんね」と私に謝っていたのですが、女性の怒鳴り声はなかなかやみませんでした。居づらくなった私は「とりあえず失礼します」と施設をあとにしました。

それでも、怒っていた人のことが気になり、数日後、施設に電話して、「あの女性から話が聞きたい」と面会を申し込みました。私は何かトラブルに巻き込まれたり、差別的な発言をされたりすると、常々その相手にあえて真意を聞きにいくようにしていました。すると、2日ほどして「いいですよ」という返事が来て、もう一度訪ねました。

女性は興奮から醒《さ》めていて、「このあいだは『日本人が来ている』と聞いて怖くなって、怒鳴ってしまった」と恥ずかしそうに私に言いました。

その人は南アフリカに移住したのが割と遅く、日中戦争の渦中でした。彼女は広東人で、幼かった1937年、日本人による住民虐殺が広がった南京《ナンキン》事件が起き、家族とともに南京を逃れ、マダガスカルを経由して南アフリカに移ったということでした。いわば難民です。

もともと南アに暮らす日本人は少なく、彼女が移住したころは400人ほどで、私が彼女に会ったころも1000人に満たなかったのです。このため中国人が日本人に会うことは滅多になく、私が老人ホームにいたことが彼女には驚きで、「あれはなんだ、あの若者はなんだ」と職員に尋ね、日本の記者だとわかった途端、「自分の身内を殺した日本人がここに来ている」と大騒ぎを始めたんです。そんな経緯を聞くうちに、「あなたが悪いわけじゃないんだけど」とそのおばあさんが言うようになって、だんだんと親しくなっていきました。彼女にとっては南京事件が大きなトラウマで、日本人＝悪魔という、すでに触れた「一般論」が彼女の中にでき上がっていたのです。でも、それも、一人の日本人と話し合うことで次第に解けていく。そういうこともあるのです。ですから、私は仕事上の興味もあって、機会があれば、自分を敵視する人間にあえて会うようにしてきました。

「名誉白人」の起源

南アの中国人をもっと知りたくなり、いろいろな人にインタビューするうちに、英語の「honorary whites（名誉白人）」という言葉を耳にしました。「名誉ある白人」という意味ではなく、「名ばかりの白人」といったニュアンスです。

この名誉白人という言葉はずいぶん前に聞いたことがありました。それは1970年代の終わり、高校生の最後のころで、なんだかすごく恥ずかしいと思ったのを覚えています。なんだそれ？　という感じでした。ベレー帽など洋風の帽子を被り、パイプをくわえ、やたらとジェスチャーを、私自身、結構ジェスチャーするほうですけど、いわゆる「白人気取り」みたいな、そういう戯画的な人物をイメージしたんです。『おそ松くん』という赤塚不二夫の漫画に出てくるイヤミというキャラクターがいますが、それをもっとキザにしたような人です。

当時、毎日のようにテレビで洋画を観ながら、生身の外国人を知らなかった私には「ガイジン＝白人＝カッコいい」という浅い思い込みがありました。映画が終わり、あたりを見回せば、4畳半の部屋に、ちゃぶ台の代わりに応接セットを入れ、小さなシャンデリアをつるして喜んでいるわが家がある。高校生の私はなんとなくいじましさを感じ、漠然と日本人の暮らしぶりに劣等感を抱いていたように思います。白人にあこがれ、日本人を卑下している自分の心根を、「名誉白人」という言葉がズバリ言い当てている気がしました。

私が大学生のころには南アフリカのアパルトヘイトに抗議する運動が日本でも広がり、よく批判されたのが商社などの日本企業でした。アパルトヘイトで、南アは国連などから制裁を受けているのに、日本やアメリカの企業は貿易を続けていると断罪されていました。「だから、南アフリカはいつまでもアパルトヘイトを取り下げずに延命している」と。日本企業はこの国から撤退し、孤立させせなくてはならないという話です。

当時は冷戦時代の80年代で、外交で孤立していたのは南アフリカとイスラエル、台湾でした。その結果、この3カ国・地域はとても仲が良く、互いに協力し合っていました。だから、のちに中国との国交を樹立するまで南アには、やはり「名誉白人」の扱いだった台湾人がかなり進出していました。

「名誉白人」はアパルトヘイト下の日本人ビジネスマンを揶揄《やゆ》する言葉だと私は勝手に思っていたのですが、中国系の人たちは一般名詞のような使い方をしていました。そこで私はまず、この言葉の語源を調べることにしました。当時はインターネットが一般に広がっていなかったので、首都プレトリアにある「人種研究所」に行きました。人種問題に関わる膨大な資料を集めた図書館で、親切な中年女性の司書に手伝ってもらいながら国会の古い議事録をつぶさに読んでいきました。

そこでわかったのは、名誉白人という言葉が公に初めて登場したのが1961年4月ということでした。偶然私の生まれた年月です。どういう場で出たかというと、国会の問答を伝える記事の中に登場したんです。

アパルトヘイトの法律に関する議論があって、野党議員が「ところで日本人は（アパルトヘイトの区分の中で）どこに置かれるのでしょうか」と政府側に聞いた際、のちに南アの首相となるヤン・デクラークという当時の内務大臣が、「いや、日本人は白人と同じように扱われる」と答えたんです。国会の場です。

そのとき、デクラーク内相は「名誉白人（honorary whites）」とは言っていません。「ザ・スター」など南アの主要な新聞が内相の発言を受け、記事の見出し、タイトルで「日本人は名誉白人（honorary whites）」と伝えたのが最初でした。それがきっかけとなり、メディア用語として広まり、時とともに日本人の代名詞になっていきました。決して法や制度で定められた地位でも、用語でもなかったのです。

80年代までのアパルトヘイトの時代、人が住む地域や居住区は「有色人種」または「有色じゃない人種」というふうに分かれていました。先に述べたように人種に科学的根拠がないように、この色分けにもその境目を決める明確な理由はありません。それでも、当時の習わしで言えば、白人と黒人、インド系、ケープカラード（インドネシア方面から来た人や現地人らさまざまな民族の混血）がいて、残りの人々は「その他」の扱いでした。

日本人は本来なら「その他」に入るはずなのに、「白人」の中に入れられた。では、なぜ日本人だけ「白人」と同じ分類になったのか。私は親しくなった人種研究所の司書と二人で歴史を遡っていきました。アフリカーナー系のその女性司書はとても親切で、新たな資料が見つかると電話をくれ、そのたびに車で1時間ほどの研究所を私は訪ねました。

1961年に南ア政府が日本人を「名誉白人」とみなしたのは、単なる思いつきではなく、根拠がありました。それは1902（明治35）年に成立し、1923（大正12）年に失効した日英同盟でした。

枝葉末節に入っていきますが、この同盟を少し説明します。1900年代初頭、イギリスはアジア方面の海軍が手薄だったため、ロシアの脅威に脅かされていました。日露戦争が始まる前のことです。そこでイギリスは日本と手を結んで、東西両サイドからロシアを牽制《けんせい》する封じ込め策を考えたのです。他にも要因がありましたが、対ロシアという軍事的な理由から日本とイギリスは1902年、日英同盟を結んだのです。同盟の前に両国間には日英修好通商条約（1858年）があり、それを改正した日英改正修好条約（1894年）の条文を当時の南アフリカ政府は国会に提示しました。

名誉白人の言葉が生まれるさらに30年前、南アがまだイギリス領だった1930年代に、イギリスの議会でもこの条文が示されています。

ここで、南アの議会資料にあった英文の条文の日本語訳を読んでみます。

〈日英、日本とイギリスの両臣民、両国民は領土内で、最恵国の臣民と同様の特典、自由、権利を持つことができる〉

つまり、日英改正修好条約の下で日本人はイギリス人と同じ扱いを受けられる。そうなってくると、南アフリカは長くイギリス連邦の下にいましたので、その条文がそのまま日本人をどう扱うかの根拠になったわけです。その結果、1948年以降にできた人種差別法、アパルトヘイトにまつわる法律でも「日本人はイギリス人と同様」とみなされ、名誉白人と言われるようになった、というのが南ア政府の理屈でした。

一方、南ア政府はこうした法的な地位を中国人に与えることはありませんでした。ところが南アの支配層である白人から見れば、見た目は中国系も日本人もほとんど変わらないわけです。

それなのになぜ日本人が名誉白人で、中国人はそうではないのかということが、国会で議論されないまま月日が流れ、名誉白人という言葉が一人歩きし、揶揄、嘲笑の的になっていったのです。「日本人は名誉白人？　ぷっ（笑）」という感じです。そんな侮蔑的な笑いがアパルトヘイト時代の南アのメディアを賑わせたわけです。

ある中国系2世の闘い

中国系の人に話を聞いて回る前、私は彼らが名誉白人の日本人を軽蔑していると思っていました。日本人は政府見解をうまく利用し、白人側に近づき、アパルトヘイトの旨味を利用した卑怯《ひきょう》なやつらだと見ていると思っていたのです。ところがどうもそうではないとわかってきました。

ある親子から話を聞きました。父親は第二次大戦が終わる直前、中国大陸から南アフリカに渡ってきたセシル・レオンさんという１９４０年生まれの方でした。南アに同化するため名をイギリス風にしていました。

そんな彼は、南アで育った移民として、白人にあらがい、何度となくけんかをしたそうです。ヨハネスブルクの通りを彼が歩いていますとほぼ十中八九、「チン・チョン・チャイナマン」とか「チン・チョン・チャン」と言われ、からかわれたそうです。彼は中国武術の心得があったものですから、そのたびに言い返し、白人のギャング団や不良ともけんかをしました。

黒人居住区に行けば、そこでも差別されました。「チン・チョン！　白人街に帰れ！」みたいに、両方から差別される。なぜ黒人が中国人を差別するのか、と思う人もいるかもしれませんが、向こうに住んでみればすぐにわかります。

平均すれば中国人や日本人など東洋人はアフリカ人にくらべて身体つきが小さく、骨格も違います。単に背が低いだけではなく、筋肉のつき方もアフリカ人とは違います。アフリカ人はどちらかというとヨーロッパ人に近い。順序は逆になりますが、人類の歴史から言えば、起源はアフリカですから、誰しもアフリカ人に近い。でも、骨格を見ると、ヨーロッパ人はアフリカ人をある程度引き継いでいるように見えますが、東洋人はさほどでもない。むしろアフリカ系からもヨーロッパ系からも遠い存在に見える。このため白人がいて黒人がいて、さらに下の存在として中国系がいるといったさげすみが一部のアフリカ人にあったわけです。偏見ですね。

そんな環境で成長した彼は酒の密売で得た金を元手に、合法酒の卸販売を手がけ、ガソリンスタンドを経営するまでの企業家になりました。そんな1961年4月、先ほど話しました国会のヤン・デクラーク発言、「日本人は白人に分類される」というニュースをセシル・レオンさんは耳にします。彼はそれを悪く受け止めず、むしろ「チャンスだ」と思いました。

そのころから白人の政治家に賄賂を渡すようになり、住宅や店を次第に白人居住区に移していきました。自分は中国人だが、日本人と同じ扱いにしてくれないか？　見た目は同じじゃないかなどと申し出て、最初は白人地区の縁《へり》に暮らし、だんだんと中へと移り住み、日本人と同じ立場で暮らせるようになったのです。

中国系住民は住居だけでなく、あらゆる権利を得て、じわじわと差別的な法律を換骨奪胎していきました。法律を骨抜きにしていった具体的な話をいくつか紹介します。

権利獲得の狭間で

まず1970年代、白人だけが入れた映画館など娯楽施設への立ち入りが中国系住民にも認められました。それまで映画館に中国系の人は入れなかったのです。ばかげた話ですけど、それが現実でした。それに加え、列車の食堂車、トイレを除く白人客車の使用も許可されました。列車内もこの車両からこっちは白人、向こうは非白人と決まっていたんです。ところが、ここが面白いと言うと失礼ですけど、中国人は白人の席は使えても、「トイレは除く」と条件をつけられたんです。トイレだけは黒人の車両のものを使わなくてはいけなかった。

白人の体育施設を使えるようになりましたが、「プールやベンチを除く」と適用除外にされた。生々しい話です。プールはダメだけど、バスケットボールやバレーボールはいいんです。あるいはテニスコートも構わない。だけど、コートのベンチはダメ。そのあたりが当時の白人側の感覚なんですね。単なる便宜上のことではなく、肉体的な接触をとにかく嫌う。生理的嫌悪です。

アメリカ映画に『エデンより彼方に（Far From Heaven）』（2002年）という作品がありま

す。50年代の東部コネティカット州のブルジョワ家庭を舞台にした作品です。黒人男性に心引かれる白人の主婦の話ですが、その背後に当時のさまざまな偏見が描かれている作品でした。

夫が同性愛に目覚め、若い恋人と一緒になりたくて子供のいる前で、傷心のあまり泣き出すシーンなど、まさに偏見と差別が個人を圧迫した時代のムードが随所に表れる映画です。その中で一カ所、忘れがたいエピソードがあります。ある場面で何組かの白人の家族がホテルのプールに入って楽しんでいます。強い日差しの下、黒人の男の子がさっとプールに入り、それを見たホテルのスタッフが注意する。すると、それを機に白人たちがわーっと一斉にプールから飛び出して逃げていくというシーンです。

これが当時の白人大衆の感覚そのものなんですね。それを映した皮肉っぽい場面ですが、まさにアパルトヘイトを進めた南ア政府の中国人に対する扱いそのものです。

つまり、「中国人はどこを使ってもいいよ。だけど、プールとベンチ、それと列車でもトイレだけはダメだよ、お前たちは俺たちとは違うんだから」と。そういうところまで法律で細かく決めていたわけです。実際はこのときも「名誉白人」の日本人は法的には大丈夫だったんでしょうが、なかなかそういうところに入りにくかったようです。なぜなら、白人からも黒人からも中国人と日本人の見分けはほとんどつきませんから。

法的には許されても感覚が許さない、ということです。法を制定した人々にははっきりとした東洋人嫌悪、差別があったのです。肌に触れたくない。排泄《はいせつ》は別にしてくれという。

それでも中国系は少しずつ権利を獲得していきました。セシル・レオンさんも70年代、とにかく子供にいい教育を与えたいと考え始めます。表向きにはどんな人種も受け入れるカトリック系の私立学校に長男を入れ、同じ系列の大学まで出させました。「子供にはいい生活を送らせたい」と思う親の気持ちです。

長いインタビューで彼の半生を聞いていたとき、私は名誉白人について語る彼の言葉にとにかく驚きました。

《名誉白人という呼称に気分が悪くなったが、人種分けを事実上解消する突破口になると思ったのです》

アパルトヘイトの法律、つまり人種差別法ははっきりと黒人ら有色人種を差別しながら、同じ有色人種である日本人を例外にしている。つまり、それは抜け穴になる。そんないい加減な法律なら、穴を広げようと思えばいくらでも広げられる。そして、アパルトヘイトもいずれは崩れる。

彼はそうにらんだのです。でも、それで政治運動に走ることはなく、あくまでも自分の生活を優先し、利用できるものはなんでも利用しました。

差別制度の前で中国系の人がそんな感覚を抱いていた。その事実が私には驚きでした。彼らは日本人を批判していたと思っていたからです。ですから、私は当時、そのことに焦点を当てて長い記事を書きました。

自分の頭で考えたこと、あるいは世間に広まっている考えなどというものは間違いだらけです。本当のことは自分で体験するか、体験した人から聞かない限りわからない。そんなことを実感する、いい意味での驚きでした。

でも、これはセシル・レオンさん一人の経験にすぎないのではないか、と思い、私はいろいろな人に話を聞いて回りました。そんな一人、ヨハネスブルクの中国人学校の当時の理事、スーイ・ハウ氏はこう言いました。

《「名誉白人」の日本人は、アパルトヘイトの愚かさを自ら示したことで、結果的に差別法に風穴を開ける役を担ったのです》

《だから我々は日本人の立場を尊重し、それを逆に自らの権利獲得の材料として使いました》

個人は社会や国家からどこまで自由でいられるのか

セシル・レオンさんが一種不幸だったのは、大事に育てた息子が反アパルトヘイト運動に加わり自分に背くようになったことです。80年代、息子はいい成績で大学に入ったにもかかわらず、すぐに活動家になりイギリス系の女性と結婚し、父親を非難するようになりました。黒人とともに闘おうともせず、白人側にすり寄り賄賂を渡し、差別政策をうまく利用したという非難です。

たまたまそこに生まれたがために、差別制度に巻き込まれ、親子間に亀裂が生じてしまう。悪政や悪法の下で、どう生きていくのかは一人ひとり違います。真正面から反対し闘う人もいれば、迎合する人もいる。逃げる人もいるでしょう。「国家に巻き込まれる個人の運命」というものに当時の私は強い関心があったため、この親子の話に引き込まれました。

取材の最後、南アに生まれた中国系、漢民族の一支流である客家《はっか》出身の女性学者、メラニー・ヤップさんに言われた言葉が私の心に強く残りました。

《どこに住もうが、どんな仕事をしようが、すべて個人の自由で、出身国家や人種という枠に縛られることはない。それを理想的な社会とすれば、一律に「名誉白人」というレッテルを張られた日本人自身も、心理的には大変不幸な思いをした》

自分たちの企業や経済活動のことだけを考えて南アに暮らした日本人はけしからん。そんな批判を日本にいたころ、反アパルトヘイトの冊子などで目にしたことがあります。私は遠巻きにしかこの国を見ていなかったので、こうした意見に同調していました。でも、実際に暮らすと、そんなに単純な話ではないと思いました。

例えば、当時駐在していた何人かの商社マンに話を聞いたら、「まあそうでしたね、名誉白人なんていう言葉もありましたね。でもね、飛行機に乗ると、なぜか必ず一番後ろの席なんですよね」と笑っていました。「同じ扱いを受けていても、必ず一番後ろのほうにされたり、ギリギリのところにされたり。それで、ダブルブッキングが入ったら最初に外される。あからさまではないけど、やっぱりそれなりの差別は受けてきました。まあ、そんなもんですよ」とニコニコしながら言っていました。

その時代、南アに暮らした日本人は、反アパルトヘイト運動を行う人たちや、私のようないわゆる「ビジネスマン」ではない日本人からは冷たい目で見られていました。でも、どうでしょう。人間は国や社会のしがらみから完全に自由になることはできません。日本人であるとか、どこかの会社の社員であるとか、いろいろな属性があります。彼らもその属性を捨て、南アフリカへの転勤を拒否することができたかもしれません。でも、できなかった人もいる。そんな人がたまたま家族とそこに暮らしたとき、「名誉白人」という言葉を当てがわれ偏見にさらされる。それはとても不幸なことです。何の因果か南アに住み、慣れない人種的緊張を経験し、居心地の悪い思いをしてきた当時の駐在員に、私は同情さえ感じるようになりました。

何にせよ、人は与えられた環境、状況でどうにか生きていかなくてはならないのです。そこで、あなたはこうあらねばならないと強い口調で誰が言えるでしょう。

名誉白人＝恥ずかしい存在という、私の先入観は実体験とともに消えました。

こうした属性、アイデンティティー、ナショナリティー、そして一般論といったものが差別を生み出すのです。そんな「枠」「集合体」から離れ誰もが個として生きていけたら、差別はずいぶんと収まっていくはずです。

人は社会、国家からどこまで自由でいられるのか。それは生きる上で基本となる問いでありながら、簡単に答えが出ません。差別に直面したとき、私たちはその問いに直面します。そしてきっと、生きている間に何度も何度も自問し続けるのだと思います。

繰り返しますが、一般論を口にするときは気をつけたほうがいい。そして、人を属性でくくるときも同様です。

第8章
心に貼りついたものと差別と

足立区で過ごした時代

高校2年生のころ、私は初めて被差別感を知りました。差別というほどのことではないのかもしれませんが、暮らしている地域を低く見られることから、どうにも居心地の悪い感覚を抱きました。

私の家は当時、足立区の古千谷《こぢや》という土地にありました。東武線、現在の東武スカイツリー線の竹ノ塚駅から西に歩いて25分くらいかかる地で、そこに小学4年生、10歳の夏から大学に入る春、18歳まで住んでいました。先祖伝来の地だったわけではありません。私の父が「脱サラ」をしたからです。いまはあまり聞きませんが、当時の流行語でサラリーマンをやめて独立することをこう呼んでいました。その父が40歳を前にこの地に工場を建てたのです。自分で考案した機械を使って針金に模様を入れる工場を始めました。最初は板橋の狭い家の半分を工場にしていましたが、住宅街で夜に機械を回すことができず、都内をあちこち回り、足立区に広い土地を見つけたのです。1971（昭和46）年の夏でした。

板橋区から足立区に移って嬉しかったのを覚えています。とにかく周りが沼地でほとんど家がなかったからです。これが東京なのかと。まだ埋め立てられていない沼が結構あって、ザリガニやフナがたくさんいましたので、毎日、あたりを歩き回りました。

もんじゃってなんだ?

その2年ほど前、世田谷の下馬《しもうま》という住宅街から、足立区の西新井に引っ越してきた人に経済ジャーナリストの須田慎一郎さんがいます。彼は私と同じ上野高校の同窓生だったので、一度取材で会ったとき、当時の様子を聞いたことがありました。彼の言葉が足立区を見事に語っていますので、紹介させてもらいます。

当時の足立区は活気があって校舎が足りないため校庭をつぶしてプレハブを建てていました。私たちが育った昭和40、50年代はまだ戦後の高度成長が続いていて、足立区は地方から工場地帯に流入する人のベッドタウンとして子供の多い地域でした。

須田さんはこんなふうに言っています。

「友達が『もんじゃ食べに行こう』と言うので、世田谷にはそんなものありませんでしたから、母親に言うと『なに、それ? 50円で食べられるの』と小遣いをくれ、行ってみると、駄菓子屋の上がりがまちに鉄板を置いて、具はキャベツと揚げ玉と紅ショウガくらい。今のもんじゃとは別物でした」

私も板橋から足立区に引っ越して初めて、そのもんじゃを知りました。いまは大人も食べますが、当時は子供の食べものでした。「ほとんどの家が商売か共稼ぎなんで、子供の食事の世話なんてしてられない。だから、親の仕事が終わるまで、空腹をしのぐものでした」と須田さんは言います。

「印刷屋の息子だった友人の家に行くと、両親と職工さんがいて、お父さんが『じゃあお前、手羽先買ってこい』と子供に買いにやらせて、冷凍ものに粉をつけて揚げて、『さあ食え』なんてもんでした。下馬では買い食いを禁止されていたし、駄菓子屋もなかったので、別世界でした。だから、世田谷の小学校の担任が、環境が激変するので、なじめるかどうかと心配したそうです」

私も記憶しているのですが、足立区の子供はファッションも違っていたと言います。

「小学校で半ズボンをはいている子はほとんどおらず、みな長ズボンでした。子供が大人びていて、いつもポケットにそれなりのお金を入れていました。自分の裁量でお金を使い、一人でラーメン屋に入り、周りの大人も違和感なく受け入れていました」

須田さんが住んでいたのは、当時、在日朝鮮人や韓国人の多い地域で、「民族感情がくすぶっていて、暴力的なけんかがお約束のように起こるけど、憎しみ合うことはない。仲がいいのか悪いのかわからないけど、けんかが終わったら一緒に飯食ったり飲んだりって感じでした。廃品回収業で町一番の金持ちになった人がいたり、テキ屋も多かったですね。西新井大師が近所ですから」

当時、足立区は成長し続ける町の典型でした。都営アパートが数万戸単位で建造され、住人には、一戸建て住宅をローンで購入する夢がありました。

そんな土地に須田さんは小学2年生、私は4年生のときに引っ越してきました。私はその地で地元の小中学校に通い、高校は都立上野高校を出て、18歳の春に北海道大学に入りました。ですからそこに暮らしたのは9年もないのですが、足立区への思い入れはいまも昔もかなりのものです。

ビートたけしの自虐ギャグ

足立区を離れる最後の年、高校3年生だった1979（昭和54）年、ビートたけしさんが世に出てきました。ツービートという漫才コンビで、いまでは「足立区ギャグ」と呼ばれますが、最初のころは足立区を徹底的にバカにするというか、足立区がいかにダメか、貧乏くさいかみたいなことをテレビでやっていました。

私も最初は面白がっていたんですが、だんだん嫌な気分になってきました。港区で一番高いのはどこそこのビルだけど、足立区で一番高いのは竹ノ塚にあるゴミ焼却場の煙突だと言って、相方がツッコミを入れて、たけしさんがさらに落とす。そういう足立区をおとしめるギャグをやっていたんです。

たけしさん自身が足立区出身で、私の最寄り駅は竹ノ塚でしたが、彼は梅島という二つほど北千住寄りの駅のほうで、自分のふるさとをずいぶんとバカにしていたんです。

当時はタモリさんの人気も出始めたころで、彼は彼で名古屋のことをとにかくバカにするんです。「おみゃあは、エビふりゃあが好きだりゃあ」といった変な方言を使っては「なーごやー」と言って笑うわけです。あと、中国人やインド人のしゃべり方のまねをしたりとか。あの時代、70年代の末ごろは、たけしさんとタモリさんはそういう地域を笑うギャグでウケていました。その土地のことをまったく知らない全国の人が笑っていたのです。

それまでの漫才は、どちらかというと語り手のダメさ、おかしさを笑うもので、特定の場所をあげつらう笑いはさほどありませんでした。

そのころ、上野高校の地学教諭、柴田徹先生とその話題になりました。電車でつり革につかまりながら、「足立区をバカにする漫才が流行っていますね」と言ったら、先生が結構ムキになって怒り出したんです。当時、30歳前の先生はたけしさんと同年代で足立区の綾瀬に住んでいたのですが、「彼がダメなのは自分のことを差別しているからだ。自分の住んでいた地域をバカにしてるからダメなんだ。ああいうのが一番いけないんだ」みたいなことを力説し、周りの乗客が振り返るほどでした。

自分はなぜ足立区ギャグに引っかかりを感じたかというと、郷土愛じゃないですけど、足立区は自分がものすごく好きな場所だったからです。いまは当時とくらべれば、住みたい街ランキングといったアンケートがあって、例えば港区がいいとか、吉祥寺が好きというのがあります。だけど、あのころは自分の地域を他とくらべる人やメディアはそんなにいなかったと思うんです。区と区の違いを強調したり、ターミナル駅の優劣を語るなんてことはさほどなかった。東京の人の多くはいわゆる「ターミナル駅」を中心に放射状に暮らしています。ですから、一つ違う沿線のことは全然知らないことが多いんです。

当時の東京はどういう街かというと、竹ノ塚駅近辺の場合だと市街地に出るとすれば、電車一本で行ける浅草か上野、銀座です。一方、私が10歳まで住んでいた上板橋だと、出かけるのは池袋です。二子玉川《ふたこたまがわ》に住んでる人だったら渋谷、小田急線や西武新宿線沿線の人は新宿となる。

私が中学生のとき、ラジオ番組に東急目蒲線（現・東急目黒線）を卑下したり、笑ったりするコーナーがありましたが、あまりにローカルすぎて、違う沿線の人にその笑いはわかりませんでした。

不動産物件にはランクの上下があります。西高東低で東は低いというか、標高も低い。そんな区分けはあっても、○○区がどうだといった話は私が高校1年生、つまり1976（昭和51）年ごろまではいまほどはなかったのです。

私が通った上野高校は足立、台東、荒川、中央の四つの区から生徒が集まる学校でしたが、「お前、何区?」みたいな話はあまりしないし、批判したりバカにしたりということもそんなにはありませんでした。

ところが、たけしさんのギャグをきっかけに、こうした区分けの強度が増して、出身地差別みたいなことが広がった感があります。

私はその区分けに結構さいなまれました。足立区のことを言われるのが嫌でした。その後何年も経って社会人になり、新聞社に入る前の話ですが、エンジニアとして企業に就職し、鹿児島県の事業所に赴任した際、こんなことがありました。地元の若い社員たちと昼を食べていたとき、「藤原さん、東京だよな? 東京のどこ?」と聞かれて、「足立区」と言ったら、若い衆に「足立区ってどんなところですか?」と聞かれた東京を知る年配の人が「足立区は◯◯だな」と答えていました。ここで言う◯◯はその土地の隠語、方言で「格の低い地域」みたいなニュアンスでした。その返事を聞いて、みながどっと笑ったのを覚えています。差別されたとは言いませんが、自分の出身地をバカにされた気がしました。まだ若くて自意識過剰な面が強かったせいもあると思います。

それから何年も経って、たけしさんとたまたまお会いする機会がありました。共通の友人が4、5回、たけしさんを囲む会に呼んでくれたのです。そのとき、たけしさんにインタビューさせてもらい新聞に載せました。その際「積年の恨み」ではないのですが、「なんでデビュー当時、足立区ギャグをやったんですか?」と真面目に聞きました。たけしさんの言葉をここで紹介します。

《うちは、足立区の梅田ってところで、典型的な都会の外れ。パリならアラブ人やアフリカ系がいる、ダウンタウンの外れみたいな所でね》

話を聞いたとき、私の隣にフランス人の記者もいたので、たけしさんはそんな例を挙げました。

《うちはペンキ屋だから、当時はコールタール、防腐剤を壁や屋根に塗ったりしてね。服は一番汚いの。ほとんどこじき同然の格好で、それを(級友たちに)からかわれる。在日も差別されてて。差別されると、新たに差別する相手を見つけなくちゃ生きてられないんだよ。タクシーの運転手のせがれにバカにされたら、今度は韓国人とバタ屋（筆者註：廃品回収業者）を見つけてバカにするとかね。（中略）寅さんみたいな映画、みんなうそだと思うもの。住人が助け合ったわけでもないし、ホント、ひどい、むちゃくちゃだったもの》

足立区ギャグをあえてやった理由について聞くと、たけしさんはこう話しました。

《笑いは差別だって思っているところがあるからね。差別的な意見で人が笑うところ、あると思う。それがないと、かなりの笑いがなくなるんじゃないかと思う（中略）ホームレスがバナナで滑って倒れるより、総理大臣が滑った方がおかしいでしょ。偉くなって、（カンヌ国際映画祭のような）世界の舞台に呼ばれ、自分を上げておいて、改めてちょんまげをかぶるとか。アカデミー賞に呼ばれて、お尻が出ていたりとか》

私は納得したわけではないんですが、彼の中にも結構複雑なところがあって、クラスでひどい目に遭ったことなど、自分が被差別者だったことをずいぶん私に話したんです。だから、逆にそれを自分で笑って、足立区出身だから足立区を自分で笑うことでそれを売りものにしていくみたいな、そういうほうに向かったと言うのです。

それがウケるのはわかりますが、どうなんでしょう。そのときは笑えても、笑われることで、足立区は程度が低いといったラベルがどんどん濃くなっていって、先に話した須田さんや私が子供のころに感じていた足立区の良さなんてものはどこかに飛んでいって、「みじめな足立区」みたいな印象だけが一人歩きしてしまう気がします。

足立区の話をしたのは、こうした差別と裏表の関係にある被差別意識とはどんなふうに生まれるのかを考えたかったからです。私の場合、それはたけしさんのギャグを聞いた直後に生まれたのです。

最近でこそそうでもありませんが、「足立区出身」と語る際、さまざまな場面で少し言いよどむことがありました。それは自分の中に被差別意識があったからです。

私は新聞記者という職業柄、あちこちで痛ましい光景を見てきました。遺体もずいぶん見ました。ですから、すれっからしのところがあります。それでも、戦争でひどい障害を負った人が通りで物乞いをしている姿などを一度見てしまうと、それがまるで傷のように記憶の底に貼りつくんです。この感覚はなんなんだろうと思うんですけれど、実はそういう感覚が積み重なって、人が人を差別したり、それにまつわる感情的なものをつくり上げたりするのではないかと思っています。

ですから、他人から見たら他愛のないことかも知れませんが、高校生のときに感じた足立区差別は実はこの歳になるまでずっと私の中に貼りついているんです。

『砂の器』とハンセン病

差別がいけないというのは当たり前のことです。でも、よほど悟りを開いた人は別にして、差別する心が一切ないという人はまずいないと思います。考えたいのは、差別する心をどうしたら改められるかということです。難しいとは思うんですけど、道徳的な文言を唱えるより、具体的な事例を考えていくのが良いと思っています。

あるニュースをきっかけに考えます。

2019（令和元）年7月9日の新聞にこんな記事がありました。ハンセン病の元患者差別について、国の責任を認めた同年6月の熊本地裁判決について、国が控訴しない方針を安倍晋三首相（当時）が発表したという記事です。地裁判決は国に対し、ハンセン病の元患者や家族に一人あたり33~143万円ほどの賠償金を支払うよう命じました。

国家賠償の場合、国が控訴する例が多いのですが今回はそうしなかった。それについて、さまざまな解説があった中、毎日新聞の記事に「差別住民にも責任」という見出しがありました。記事の中で九州大学名誉教授の内田博文さんがこう話していました。

《差別を除去する責任は国だけではなく、無らい県運動……》

無らい（癩）、つまり癩を無くすという意味です。「らい（癩）」はすでに差別語ですから使われなくなりましたが、ハンセン病はもともと癩病と呼ばれていました。その癩病を、自分たちの県からなくそうという無らい県運動というのがあったのです。1930〜60年代、癩病の人がいたら県の外へと追いやった歴史です。記事ではその実働部隊となった県や住民にも責任があると言っているのです。

国だけでなく住民が長年にわたって患者を差別し、「お前たちは施設に住め」と隔離し、その家族をのけ者のようにしてきた。ですから、その住民にも責任があると、識者が断じているわけです。広く差別をなくすための教育的な措置をはかってこなかった国だけでなく、住民にも責任があったということです。見て見ないふりをしてきた人も含め住民全般を指しているのです。

ハンセン病の場合、私も周りに患者がいなかったから、関わってこなかったと思い込んでいました。でも、差別にあらがってきたかというと、そうではないのです。患者が近くにいたかもしれないし、存在を耳にしたこともありました。でも、私は見て見ぬふりをしてきたんです。ですから同罪、「差別住民にも責任」の一人です。

この裁判から、70年代の映画『砂の器』を思い出しました。

原作は松本清張の小説で、1974（昭和49）年に映画化され大ヒットしました。この映画を思い出したのは、社会学者の大澤真幸さんが『憎悪と愛の哲学』という本でこれを題材に興味深い話を書いていたからです。

映画『砂の器』の主人公は新進の音楽家です。彼はある令嬢と婚約し、大成功の中にいます。加藤剛《ごう》という俳優が演じる誠実そうな人物です。その彼が自分を訪ねてきた恩人を殺してしまうんです。訪ねてきた恩人は緒形拳《けん》という人情味のある名優が演じています。主人公の過去を知っている駐在所の元巡査なのですが、一時、みなしごになった主人公を家にひきとって育てた人です。その善人があるとき、主人公の活躍を目にして、東京の彼を訪ねるんです。訪ねられた主人公は次の晩、彼を殺してしまう。その事件を発端に、主人公の過去が映画の中で次第に暴かれていきます。彼の父がハンセン病だったという過去です。親子は村から逃げるように出ていき、幼い彼は病の父と山陰など日本海側をずっと旅して回る。そういう光景が情緒的に描かれている映画です。そんな不遇の親子を守り、父を病院に入れ、幼い彼を養子として育てようとしたのが、緒形拳演ずる駐在さんでした。それでも幼い彼はその家に長くはおらず、家出をして、いろいろなことがあった末に音楽家になりました。そんな音楽家を訪ねた善人は、結局彼の手で撲殺されます。

70年代の日本の差別感覚

その3年後、1977（昭和52）年に公開された映画に『人間の証明』があります。森村誠一さんの原作で、《読んでから見るか、見てから読むか。》という宣伝コピーで角川春樹さん率いる角川書店が大々的に宣伝しヒットしました。

この映画にも差別がひそんでいます。主人公は成功したファッションデザイナーですが、彼女はアメリカから訪ねてきた息子を自死に追い込んでしまう。なぜなら、その息子は、戦後間もないころにアメリカ兵との間にできた子で、その兵士は黒人でした。若いころのことが明るみに出たら汚点になると感じ、彼女は息子を拒絶するのです。

どちらの映画も、戦後にのし上がった主人公が外聞を気にして親しい者を殺してしまう設定です。一方は父親がハンセン病の患者で、もう一方は黒人の恋人との間に子供がいたというそれぞれの過去です。いずれの主人公も、世間体のために過去を抹殺してしまうんです。

不思議なのは、70年代にこれらの映画を観た日本人の多くがさほどの疑問も違和感も持たなかったことです。むしろ、主人公たちに同情さえしている。それはなぜなのか。

いまでしたら、ハンセン病の父親がいた過去が明かされることを恥じ、恩人を殺してしまう男に同情する人はいないと思いますが、当時はそれだけ日本社会が差別的だったのです。ハンセン病患者に対しても、黒人に対しても。ですから、自分の地位の安泰のためなら、恩人や息子を平気で殺してしまう。あの時代は、テレビドラマの「赤い」シリーズなどもそうでしたが、出生の秘密や過去の過ちを恐れ、それを機に事件が起きる物語が受け入れられていたのです。

映画は人殺しをする主人公たちにどこか同情的だし、彼らを捕まえる刑事もずいぶんと情状を示します。観客も違和感どころか、涙さえする。主人公たちはやむにやまれぬ殺人を犯した善き人のように扱われている。『砂の器』では映画のラストで、〈ハンセン病を〉《こばむものはまだ根強く残っている　非科学的な偏見と差別のみで》といった文言が入りますが、そういう差別反対を一見装いながら、その差別を黙認し、それは仕方ないことなんだと、肯定しているように思えるのです。

米仏映画『パピヨン』の視点

ここで、同じ70年代に私が見た海外作品に話を移します。

ハンセン病を描いたわけではありませんが、映画『パピヨン』にその患者が出てくる場面があります。これもリメーク作品がありますが、私は最初の作品を中学1年生になったばかりのころに観て、上下巻の原作も読みました。当時とても人気のあった俳優、スティーブ・マックイーンが熱演しています。1973年封切りの『パピヨン』の日本公開は74年4月。殺人などの疑いをかけられ終身刑で絶海の孤島に閉じ込められたフランスの脱獄囚の実話に基づいています。

こんな場面がありました。主人公が仲間と密林を逃げてにっちもさっちもいかなくて、ある島にたどり着きます。ボートを譲ってもらおうと村を訪ねたら、そこはハンセン病患者の島だったのです。

私が暮らした南アフリカにもケープタウンの沖合にロベン島という島がありました。反差別運動のリーダーだったネルソン・マンデラが20年以上も幽閉された島ですが、そこも元はハンセン病患者を閉じ込める地でした。『パピヨン』の舞台は南米ですが、こうした島は各地にあり、日本にもありました。

映画では脱獄囚たちが何も知らぬまま島にたどり着き、マックイーン演じるパピヨンが一人でその地のボスの家に交渉に行きます。ボスはハンセン病で顔が崩れているのですが、映画では最初、その顔を一瞬しか見せません。パピヨンは相手の顔をじっと見て、助けを求めます。するとそのボスはくわえていた葉巻を差し出します。パピヨンは少し躊躇《ちゅうちょ》しながらも、黙って相手の目を見て、それをスパスパ吸って返します。ボスはそれを受け取って、《ハンセン病はうつらないと知ってたのか？》と聞くんです。すると、パピヨンはただ首を横に振り、相手を見つめ返す。その一瞬のやりとりで信頼されたパピヨンは翌日ボートや食料をもらって、逃亡を続けることができました。２時間半ほどの映画のちょっとした場面です。

心のありようが差別を生み出す

そのやりとりを観た12歳の私は単に「勇気あるパピヨン」だと思いました。勇気あるパピヨンが怖い人の葉巻を感染も恐れずに吸った、というぐらいにしか思っていなかったのです。でも、その後、この場面のことがずっと心に残っていました。読んだ本や映像が自分の人生で何度もよみがえることがあります。そのよみがえりの中で、「どうもそうではない」と違う見方をするようになり、いろいろなことを考える材料になっていくのです。

パピヨンは単に勇気があっただけではない。彼が他の人と違うのは、見知らぬ相手を信じる。あるいは、相手に自分の運命を預けることができる人間だったところです。簡単なようですが、なかなか怖くてできない。だけど、彼にはそれができたんです。相手の目をぐっと見て、自分の命運を託し、それで最終的に裏切られたり、殺されたりしても、それはそれで仕方がない。

それも人生だという考えが根本にあったと思うんです。

長年差別されてきたボスのほうはパピヨンを試したわけです。最初にパピヨンの顔を見たときから、こいつは差別するやつじゃないと見抜いていたのに、葉巻で試してしまった。むしろ、恥じたのはボスのほうだったんじゃないかと思うんです。

ここにどういう教訓があるでしょう。いろいろな制度や法律、慣習などが後押しする面もありますが、差別は結局一人ひとりの意識、心の持ちようが生み出すものなのです。私がビートたけしさんの足立区ギャグを聞いて、被差別感を覚え、足立区出身だとしばらくの間、言いよどんだのも、私の自意識が生み出したものです。端から見ればなんてことのないことに、若いころの私の自意識がひどくこだわったのです。

70年代半ばの日本映画に出てくる主人公たちと、同じころに公開された米仏合作映画『パピヨン』の主人公との間には雲泥の差があります。差別を前にした個人のあり方がこんなにも違う。そんなことがあからさまに表れています。それはつくり手の心のありように尽きると思います。映画の主人公たちの行為を、おかしいのではないかと気づく心です。

先ほど紹介したハンセン病の裁判の記事を読んで、私はそんなところまで考えました。

ハンセン病患者に対する差別は国だけではなく住民にも責任があった。でも、私も含めた多くの日本人はそのことに気づけなかった。ああ、ハンセン病の人はかわいそうだったな、おしまい、という話ではなく、70年代の日本を顧みることで、同じ国に住んでいた自分たちがどれだけ彼らを差別してきたか。それをもう一度考え直す契機になるんじゃないかと思ったのです。

みな一見人は同じように見えますけど、それぞれの内面はかなり違う。どうして違ってくるのかは、幼いころから心、記憶に貼りついたものが左右するからです。

パピヨンのように自分の生死を決める場面で、どれだけ相手を差別せず、信頼し、相手に委ねられるか。あるいは、世の中の差別にならい、自分の人生にとってとても大切な人間をあっさりと切り捨ててしまう人間になるのか。70年代という第二次大戦が終わって30年ほどの戦後期に、日本とフランス、あるいはアメリカといった国でつくられたエンタテイメントの感覚にこれほどの違いがあることが私には興味深い。それはつくり手の個の問題であって、必ずしも国や文化の違いとは言いきれませんが、モザイク状に入り組んだ、差別の事例を一つひとつ考えていく材料になればと、ここで取り上げました。

差別の源流を遡る〜学校で〜

偶然かもしれませんが、私が差別というテーマに関心を持つようになったのは、高校生のころでした。時代は１９７７（昭和52）年から80（昭和55）年。世界で若者たちによる旧体制への反発、闘争が起きた１９７０年前後から７、８年が過ぎていました。学生運動は衰退していて、私の中でもすっかり遅れてしまった感がありました。10代の若者にとって10年前というのはずいぶん昔のことですから。そのころ、自分は安保闘争や学生運動についての本を熱心に読んでいました。その中で「狭山事件」という、被差別部落出身の青年が無実を訴えながらも収監されている事件を知り、その裁判記録を読み込みました。

差別はけしからんという思いから入ったというより、被差別部落に関するものを読んでいると、なんだか不思議な感じがしたからです。いまもうまく説明できませんが、懐かしい感じ、なんとも言えない惹き込まれる感覚があったのです。のちに三角寛《みすみかん》（１９０３〜71年）のサンカに関する本を読んだときも、似たような懐かしさがありました。サンカというのは日本の本州の山地に住んでいたとされる漂泊民の集団ですが、ずいぶん昔に自分がそこにいたか、何か深く関わったような感覚です。その根拠はわかりません。

いずれにしても、みなさんもそうでしょうが、何かに惹かれるときは理屈で答えは出ません。私の場合、きっと何か説明できないものがあるのだと思います。

その高校時代からさらに遡りますと、１９７４（昭和49）年から76（昭和51）年、12〜14歳のころ、私は人前で何かと罵倒され、「気ちがい」という言葉を投げつけられました。いじめられたというか、特定の教師に嫌われました。

そんなころのあだ名はカマフジでした。オカマという言い方はいまはあまり使われませんが、当時はよく使われ、私は同性愛者みたいだと教師や一部のクラスメートに見られていたのです。それでカマフジと呼ばれ、初対面の人とうまくしゃべれないので、塾の先生からはウジムシ君と言われてもいました。身体が急に成長する14歳のころで、少年たちが挨拶代わりに背中を殴ってきたりと、何かと暴力的な嫌な時代でした。でも、それが理由で差別というテーマに関心を抱いたかと言えば、そうとも言いきれません。

さらに遡りますと、12歳のとき、本格的ないじめに遭いました。3カ月ぐらい、クラスの子たちに一言も口をきいてもらえなくなりました。それまで仲の良かったボス的な級友の指令でたった1日ですべてが変わりました。その子はスポーツ万能で人気者だったのですが、勉強がいま一つでした。そんな彼は、何かのきっかけで私の存在がうとましく思えたのでしょう。それに対し、私も彼に反発するところがあって、ある朝、空気が変わっていました。当時は差別という言葉を知りませんし、いじめという言葉もまだ語られておらず、文字通り「無視」と言っていました。「いじめる」という言葉はありましたけど、いじめがまだ言葉として定着していなかったころです。

差別やレイシズムの定義は世界中にいろいろあって、まだ共通のものはないのですが、私がしっくりくるのは、「はじめに」でも紹介しましたが、富山大学人文学部教授の佐藤裕先生の定義です。その著作『新版　差別論』に沿って、私なりの読み解きでもう一度確認します。

3人集まると差別が始まる。つまり、3人いて、二人で目配せをして、あいつに言わないようにしようと二人でたくらむ。その共謀に第三者が同調していく。その行為が差別だという考え方です。だから必ずしも偏見が差別に発展するわけではない。そういう例もありますけど、二者あるいは複数の人間が、ある人を、ある特定の集団を排除する。その起点が差別の始まりだと、佐藤教授は定義づけています。

一人の児童や生徒を、ある一人の号令、あるいは謀略で排除していく、無視していく。無視された人がどんな顔をしているか、みなでチラチラうかがう。佐藤教授にならえば、それは差別そのものです。

「こいつ、弱ってきてるんじゃないか」と無視された子の様子を楽しむのはいじめと呼ばれますが、明らかに差別です。そういう目に遭ったのが12歳の年でした。

不思議なもので、そういうときは誰にも言えないものです。母親に言いたいと思ったのですが、どうしてだか母親がかわいそうに思えてくるんです。あれはどういう理屈なのか。無視され、学校に行きたくないと思っている自分。そんな子を持った母親を不憫《ふびん》に思うということなのか。いずれにしても、母親にも父親にも訴えませんでした。無視されていたとき、風邪だったのか高熱が出て、保健室で計ったらかなり体温が高く、保健の先生が家に電話してくれて、父親が迎えに来ました。家に帰り、ふとんを敷いてくれたとき、「熱にはここがいいんだ」と、膝の下のツボを父が押してくれました。それが気持ち良かったのもありますが、こみ上げてくるものがありました。それでも、自分の置かれた状況を訴えることはできませんでした。

結局、ずっと様子を見ていた担任教諭に「作文を書いてこい」と言われ、ある朝、それを教師に見せ、朝の学級会でみんなの前で読み上げさせられると、魔法のようにすべてが氷解し、私に対する「無視」は終わりました。

作文の詳しい中身は覚えていませんが、教師に書き直すよう言われた冒頭だけはよく覚えています。最初、私はこう書きました。「僕はクラスの誰からも話しかけられない毎日がとても楽しい。一人で自分の好きなことを考えることができるからだ」

それを見た教師は「本当に楽しいか?」と聞いてきました。だから、私は書き直しました。「僕はクラスの誰からも話しかけられない毎日で、とても寂しい」と。

でも、それは本当のようでいて、どこか嘘のような気もしました。

私は被害者としての話ばかりをしてはいますが、私自身、加害者だったこともあります。別の子が無視されたとき、私はそれに反発も非難もせず、何もしないことで加担していました。また、クラスの男女にひどいいじめを受けていた「ブミ」というあだ名の女子をかばうこともなく、傍観していました。自分が暴力に加わらなくても、目の前でそれが行われているのを見ていたわけですから、明らかに加害者でした。

でも、被害者としての記憶は深く残るのに、加害者としてのそれは小さなものとして片づけられがちです。先ほど話したハンセン病患者について、住民一人ひとりにどれほどの「加害意識」があるのか。それを機に住民が差別の問題に関心を持つようになるのか。疑問が残ります。人が差別への関心を高めるのは、どうしたって、加害より被害の記憶なのだと思います。

12歳で無視される2年前、小学校4年の春から夏にかけ、私は30代の男性教員に執拗にいじめられました。いまだになぜ私がそんな目に遭わされたのか、わからないままです。授業を受けているとすぐに「廊下に出ろ」と言われ、給食の時間までずっと立たされていました。午後の授業が始まると、また何かをきっかけに「廊下に出ろ」と外に立たされる。毎日毎日廊下に立たされる状態が3カ月続きました。おそらく私に何か問題があったのでしょう。気が散る性格だったので、授業に集中していないことで外に出されたのか、その先生が気に食わないものが私にあったのか。

そのころ、自分は動物の世界に没頭していました。常に頭の中で飼っていた動物の気持ちが蠢《うごめ》いていて、授業の中身がまったく頭に入らない状態でした。そのせいかどうか、男性教諭は私を廊下に出し続けました。放課後、クラスメートも私を腫れ物のように扱い、先に帰ってしまいます。教室で先生が何か書きものをしているので、恐る恐る「帰っていいですか?」と聞くと「うん? お前、何やってんだ?」と言うので小さな声で「廊下に立ってました」と言うと、こんな問答が続きました。

「なんで立ってたんだ」「先生が立てってって言ったので」「なんで立てってって言ったんだ」「……」「そんなこともわかんないのか」「……はい」「じゃあ、なんで立っているんだ」「……」「なんで立っているんだ、毎日毎日」「わかりません」「わからないのに立ってるのか。変なやつだな、お前」「……」

それで、その教師はまた書きものに戻り、私はしばらくそこにいて「帰っていいですか」と聞くと「帰ればいいだろ。自分で決めろよ、そんなこと」と言われました。

あるとき、朝礼に向かおうと級友と校庭を歩いていたら、その教師が走ってきて、いきなり私たち二人を後ろから抱き上げたかと思うと、エッホエッホなどと言いながら、みんなが整列しているところまで運んでいったことがありました。あれはなんだったのか。他の教師に向けた彼のごまかし、パフォーマンスだったのか。もしかしたら、私に対する虐待を他の教師が指摘したのかもしれません。立っていると、隣のクラスの若い女性の先生が通りすがりに笑みを見せて私の頭を撫《な》でたことが何度かあったからです。でも、当時は教師の虐待や暴力が問題にならなかった時代ですので、そうでもない気もします。

その教師は保護者面談で母にこんなことを言ったそうです。「藤原君はなんか僕に似てるんですよ。そんな彼にじっと見られると怖い感じがするんです」

母は「なんか、変なことを言う先生だね」と言っていましたが、私が廊下に立たされていることを知らないので、なんのことだかわからなかったのでしょう。でも、私は、教師が言うことは本当だと思いました。「自分に似ていて」「怖い」という言葉を聞いて恥ずかしい気持ちになりました。教師は私の目が怖かったから、私を外に出したんだと合点がいきました。

近所のお母さんから、母がこんなことを言われたことがあったそうです。「アキオ君に見られると怖い。大人みたいな目をしているから」

5、6歳のころの私についてです。母はなんの教訓もつけ加えず、そのまま面白い話として私に伝えましたが、私はそんな自分が嫌だと思いました。大人が自分をどう見ているのか知ったことで、妙な自意識がつき、他人の目や人間関係に敏感になったきっかけのように思います。

差別の源流を遡る～家庭の中で～

先ほどの教師による虐待からさらに遡りますと、小学校低学年ですので記憶も曖昧、断片的なものになっていきますが、5、6歳のころ、自分の環境に大きな変化がありました。妹が生まれ、元から兄がいましたので、自分はミドルチャイルド、中間子になりました。それを機に、他人と自分との比較や嫉妬などが絡まった強い自意識が育まれた気がします。兄と二人のときは自分はまだ末っ子だから良かった。でも、妹ができた、そのころの記憶でいまも鮮明に覚えているのはこんな光景です。

家の前に幅15センチに満たない小さなドブがあって、自分はドブの中を見ています。ドブには苔《こけ》みたいなものが生えていて、その苔が毎日毎日少しずつ変わっていく。そんな変化をじっと見ていた記憶です。あと、家の裏側の樋《とい》の下で、雨垂れを見ながら立っている記憶です。雨垂れの下に置いたままにしていたプラスチックの500ミリリットルくらいのタッパーがありました。何日か前に大量に入れておいたおたまじゃくしが、蓋を開けてみると全部死んでいた、そんな瞬間をよく覚えています。つまり、このころからは、親や家族よりも、小さな動物、ドブ川など都会の自然を見ていた記憶のほうが強いのです。

自分の過去を常々振り返る

私はいつから、そしてなぜ差別に関心を抱いたのか。その根の部分はもしかしたら5、6歳ころでミドルチャイルドになった結果であったのか。あるいは、そんなことがいくつも重なり、足立区、中南米の先住民族、アフリカ、そして現在に至ったのか。

なぜこんな話をしてきたかというと、差別を生む、それに関わる動機は一人ひとりの経歴、心の中を遡らないと、わからないのではないかと思うからです。

私自身、「差別はいけない、差別は良くない」と日々思っていても、ある状況に追い込まれてしまったら差別をするでしょう。

大切なのは、どうしたらそうせずに済むかを考えるだけではなく、自分はどういう人間なのか、自分はどういう形で差別を生む「種」を育んできたのかを考えてみる必要があるのではないかと思うのです。自分の記憶を遡ることで、もしかしたら、自分が差別に関心を抱く、あるいはそこに関わろうとした起点が見えるかもしれない。そんな試みの一つの事例として、私自身の些細なエピソードを紹介しました。

古くは哲学者のホセ・オルテガ・イ・ガセット（1883〜1955年）から日本の作家、色川武大《たけひろ》（1929〜89年）、イタリアの作家で物理学者のパオロ・ジョルダーノまでが同じことを言っています。

結局、物心ついてから10歳ぐらいまでがその後の人格を決める。子供の場合は家庭がすべてですから、家庭の中の自分の位置づけが世界のすべてだと思い込む。そのときにどう感じているか、何をどういうふうに経験したか。凄《すさ》まじい経験でなくてもいいんです。でも、その小さな世界の中で日々何を見てどう感じてきたかが、実はその後の世界観、表現に影響を与える。パオロ・ジョルダーノは「それこそがすべてだ」という言い方をしています。

差別を考えるとき、簡単に答えは出ません。外の世界に出て、現象や事件を見て考えるのも悪くはないのですが、同時に、自分の中の差別感覚や感情がどう生まれ、どんなふうに変わってきたのかを掘り下げることは有効です。ぜひ、一度、自分の記憶を遡ってみてください。

第9章 感受性と属性と

——学生の問いに答える

ビリー・アイリッシュは差別的か

ここからは大学での授業に寄せられた質問・感想に答える形で進めます。授業で南米での「チーノ」の話をしましたら、学生の感想の中にビリー・アイリッシュというアメリカの女性歌手のことが書かれていました。14歳のとき、まだ素人っぽいプロモーションビデオで彼女は東洋人を差別する言葉、「チンク」と発言します。それがネットに出回り批判され、釈明せざるを得なかったそうです。自分は14歳にすぎず、レイシスト的な意味でその言葉を使ったわけではないという釈明です。

ビリー・アイリッシュに悪意があったかどうかはわかりません。ただし、気軽に「チンク」と言ってしまう感覚はよくわかります。言われたほうは傷つく場合もあるし、そうでない場合もあります。でも、言う側と言われた側は違いますね。言う側はそんなには気にしていない。何か反論されたら「そんなつもりはなかった」というのが決まった反応です。私が旅先で会ったインド人の口まねをし、「それは差別だ」と言われたのとよく似たケースです。する側の意図は関係ないのです。受ける側がそれを差別とみなし、訴えを起こし、最終的に裁判所など第三者が差別的な行為だったかどうかを判断するもので、意図は関係ない。

ビリー・アイリッシュの例を調べますと、中国系の英語の発音の癖をちょっとまねしているのが問題になったらしいんです。それについて解説するアメリカ人がYouTubeに出ていて、「これでビリー・アイリッシュはもうメインストリームに戻れない」と断じていました。レイシスト呼ばわりですから、もうメジャーにはなれないと。その批判者の彼が映像の最後でこう言っていました。「グッバイ、ビリー・アイリッシュ、グッバイ、サヨナ〜ラ」と。彼も悪気なく、「サヨナラ」はアジア系を代表するグッバイだと思っていたのでしょうが、批判者の彼もそんなに深刻には捉えていないということです。

それに関連した質問で、ある学生から「日本人として差別されたとき、どう反応してきましたか」とありましたので、少しその話をしたいと思います。

「チン・チョン・チャン」を受け流す?

家族でメキシコに暮らしていた40代前半のころ、妻と子供3人とショッピングモールを歩いていました。小学5年生の長男に向かって、10代後半らしいメキシコ人の青年と13歳ぐらいの少年が二人して「チン・チョン・チャン」と言ったんです。

よく使う言い回しで、アジア人全般に対するからかいです。そのとき私は虫の居所が悪かったのでしょう。普段なら放っておくのに、彼らのほうに近づいて、「君たち、いま、なんて言った」と聞いたんです。向こうは子供相手にからかったのに、オヤジが出てきたのでびっくりしたのだと思います。慌てて「あわわわ」という感じでかぶりを振って後ずさりしたので、私は詰め寄りました。

向こうも家族で来ていて、年配の女性などを中心に7、8人いて、その中で父親らしき50代ぐらいの人が「何かありましたか?」と心配そうに私に聞いてきました。

「その子がうちの息子に『チン・チョン・チャン』と言ったんです。そんなことを言っていいんですか」と私が言ったら、その男性が青年に「そんなこと、言ったのか」と問いただしました。青年は「言ってない、言ってない」と言うので、私は「嘘をつくな、言ったんだよ、お前は」と強い語調で責めたんです。そうしたら、その男性がすぐに、「申し訳ありませんでした」と私に謝り、若者にも謝らせました。その途端、はっと目が覚めたのかもしれません。俺は何を言っているんだ、言い過ぎじゃないかと思い直し、「いいんです、いいんです、すいません」と言って、私は引き下がりました。

その様子を私の家族も向こうの家族もみな見ていました。私の妻もそばにいたんですが、受け止め方がまったく違いました。彼女は7歳から14歳までアメリカのニューヨーク州で暮らしています。地元の公立学校に通い、親の仕事で日本に戻り、私と同じ大学に行きました。いわゆる帰国子女です。

「そんなチン・チョン・チャンとか、子供が言うことなんか笑って聞き流せばいい。まともに反応してバカみたい。アメリカだと、チャイニーズ・ジャパニーズ・スティンキニーズ（臭いやつら）ってよく言われたけど、そんなことをいちいち気にしていられない、なんとも思わない」と彼女は言っていました。一方、日本育ちの自分は多少気分が悪いときに、言い返したりするところがある。この違いはなんだろうと思うわけです。

こんなこともありました。休みでメキシコ湾に行ったとき、ホリデイイン・ホテルに泊まり、子供を海に連れていったんです。チェックインしたとき「うちのプライベートビーチが裏にありますので、どうぞ」と言われたので、タオルを持ってすぐに行きました。椰子《やし》の林の中で家族5人でくつろいでいたら、通りかかった車の運転席から顔を出した裕福そうな中年女性が大きな声で「そこはプライベートビーチですよ！」みたいなことを言ったんです。私は一瞬、何を言われたのかわからなかったのですが、妻はすかさず英語でこう言い返しました。「We know it! We are the guests!（知ってますよ。私たちは客ですよ！）」。かなり大きな声で言うわけです。

妻はとっさに相手の言葉のニュアンスがわかったんです。「お前たちのような通りすがりの人間がそこに入ってはいけませんよ」と言われたと判断したんです。妻は「なんでそんなこと言われなくちゃならないんだ、我々はお金を払ってこのホテルに泊まってるんだから、ビーチを使う権利がある」という前提で言い返したわけです。

私と妻の違いはここです。私は戦後のアメリカ占領軍の下でできた日本社会で教育を受け暮らしてきた典型的な日本人ですが、子供のころからアメリカで育っている妻はまったく受け止め方が違う。

第2章と第3章で取り上げた韓国系アメリカ人の詩人、キャシー・パク・ホンさんの『マイナー・フィーリングス』にしても、私は刺激的ないい本だと思いました。でも、彼女に内容を話すと、「この人、被害妄想なんじゃない？」「考えすぎ。恨みを溜《た》めるタイプなんじゃない？」と言って賛同しないんです。

例えば、パク・ホンさんは侮蔑的な言われ方をひどく気にしていますが、妻は「なんと言われようと聞かなきゃいいじゃないか」という考えです。妻が日本にいた小さなころ、公園でブランコに乗っていたら、チンドン屋さんがやってきたそうです。

彼女は驚くと同時にすごく嬉しくなって、思わず「バーカ、カーバ、チンドン屋」と歌ってしまったそうです。昔、そういう子供の歌がありました。そしたら、チンドン屋の女装したおじさんが近づいてきて、「お嬢ちゃん、そんなこと言ったらあかんよ」と言われ、彼女は真っ赤になって家に帰ったそうです。

その実体験を妻はよく話すのですが、「チン・チョン・チャン」にしても、先ほど触れたビリー・アイリッシュの「チンク」にしても、結構そういう無知、幼さから来ているのです。本当に差別して、こいつらをひどい目に遭わせてやるというような意味で言う人もいますが、大概は珍しいものを見て、「あ、面白い、何か言いたい」という反応だと妻は言うのです。だから、そんなことにいちいち怒ったって意味がないというのが彼女の考えです。

ところが、自分たちの権利、サービスが侵され、差別的な扱いを受けたら、先ほどのようにすぐに言い返すのです。レストランに入って、あっちのテーブルはいいサービスを受けて、自分たちはいつまで経っても料理が来ないなど、同じ値段を払っていながらまったく違う扱いを受けることなどには厳しく注意する。先ほどのように、プライベートビーチで泳いでいようが、何していようが、こちらは客なんだから構わないじゃないかと抗議するわけです。

日常的に人種差別を経験しづらい日本だけで育ったのと、多文化社会で育った違いだと結論づけたくなりますが、これも一般論では語れません。アメリカで育った人でもパク・ホンさんのような人がいるし、一方で私の妻のような人もいる。育ちだけでなく個人差も大きいのです。

ハリケーン下でのアジア人差別

「実際にアジア人差別を取材したのなら、その内容を教えてほしい」という声が何人かからありましたので、アメリカ南部での一例を話したいと思います。

第2章でも触れましたが、2005年8月にハリケーン「カトリーナ」の取材でアメリカに行ったとき、こんな出来事がありました。ニューオーリンズが主な被災地だったのですが、東隣のミシシッピ州の被害も見に行きました。車で被災地を回っていたらアジア人がたくさんいたので、降りてみたところベトナムの仏教寺院が完成したばかりで、そこに、アメリカに長年住んでいるベトナム人僧侶たちがいました。

ミシシッピ州の南部は、かつてボートピープルと呼ばれた南ベトナムからの元難民が7000人ほど暮らしていて、私が訪ねたのはカトリーナの被害が大きかったビロクシという名の人口約6万人の市でした。そこにいたベトナム系の人たちから、ハリケーン襲来時に避難所に入れてもらえなかったという話を聞きました。

私が会った僧侶は当時40歳のチク・ハン・ダトという方で、たまたま寺院の開院式があったので、遠くのイリノイ州からこの市に来ていました。カトリーナ襲来がちょうど寺院の開院式にあたり、僧侶らベトナム系の住民約50人が全米から集まっていました。

《これまでのハリケーンとは違う》と誰かが言い出し、40人ほどが車に分乗して寺院から北西10キロほどのビロクシ高校に向かいました。鉄筋校舎の避難所に逃げ込んだところ、市の職員から《ここは重病者しか入れません》と受け入れを拒否されたのです。ベトナム系の多くは成人してから難民としてアメリカに来た人が多かったので英語を流暢《りゅうちょう》には話せなかったのですが、《我々は老人です、入れてください》と懇願したそうです。でも、職員からは《新築の寺院なら安全でしょう》と帰るように促された。仕方なく40人は風雨の中、来た道を戻り、どうにか寺院にたどり着いたのですが、翌朝から水位が天井に達し、この40人と外から泳いで逃げてきた黒人8人が屋根裏に逃げ込んでようやく難を逃れたというのです。

ボートピープルとして移住し、14歳から18歳までビロクシに暮らしたカンザス州の実業家スティーブン・グィエンさんが私にこう言いました。

《南部の差別は本当にひどい。高校ではベトナム語を口まねする同級生にからかわれ、大人からも「国に帰れ」と言われ続けた。カンザスではみんな私たちを大事にしてくれる。南部は別の国のようだ》

私は避難を拒否された件をビロクシの市職員に確認しに行きました。広報担当の責任者を見つけ出し、彼のオフィスがあるビルの階段で声をかけ、「ビロクシ高校の鉄筋校舎の避難所にベトナム人が入れてもらえなかった。ハリケーンが激しいときに救助を求めたのに、仏教の袈《け》裟《さ》を着た人たち40人が拒否された。そのことを知っていますか?」と問い詰めたのです。すると彼は《それはひどい。その事例は聞いていないが、あの状況なら入れるべきだった》と言い、私から逃げようとしたので、追いかけて、「市職員が差別したんじゃないですか? レイシズムじゃないのか」と言うと、彼は「そんなことはない。だけど、やっぱりあの状況では、人があれ以上入れなかったんじゃないか」といろいろと言い逃れをしました。

これは抗議をしたほうがいいと思い、先ほどの僧侶、チクさんのところに戻って促したのですが、彼は《私は仏教徒です。すべての争いを否定しています》と笑い、抗議する気はないと言いました。

行政側による差別は明らかなんです。ぎゅうぎゅう詰めと言ったって、外ではハリケーンが来て大変な状況なわけですから、避難所がある以上、どんな出自の人間だって救うのが前提です。なのに、そこで「お前たちは来るな」と言われたようなものです。

そういう何か異変、コロナもそうですけど、とんでもないことが起きたとき、普段は優しそうにしてる人たちが嫌悪や差別意識をむき出しにする。これはその一つの事例です。なのに、ベトナムの僧侶は抗議さえしなかったのです。「私は仏教徒。ラブ・アンド・ピースです」と言って笑っていました。

先にも語った反応の違いです。キャシー・パク・ホンさん、私、私の妻、そしてベトナム人僧侶。差別的な出来事に対する、受け止め方、反応は同じアジア系でも、こうも違うのです。それだけ、差別という問題は受け止め方に個人差があるということです。

若いうちに海外に行くべきか

「学生時代にインド・ヒマラヤに行った経験がいまに生かされているか」「学生の間に海外を見ておくべきだと思うか」といった質問を学生が寄せてくれたので、海外のことを話します。

別に行ったら良いというものでもないとは思うんです。以前、作家の関川夏央さんと「洋行」の話になって、「夏目漱石も森鷗外も外国に行っているじゃないですか」と私が言ったら、関川さんはこう応じました。「鷗外も漱石も外国に行ったからすごいんじゃないんだよ、彼らはもともとすごい人なんだよ。外国に行ってもダメなやつはダメだし、すごいやつはすごいんだよ」

だから、海外に行くかどうかについて、そんなに気にしなくていいと思います。日本でも海外でも要はどれだけ自分の直感、感受性を磨くかだと思うんです。

じゃあ、どうやって磨くかですが、これが難しい。直感はバカにしたものじゃないのですが、結構見下されていて、「君、直感で書いたらダメだよ、論理でいかないと」なんて言う人がいます。でも、論理を築くためには直感が絶対に必要なんです。だから、他人が言ったことをそのまま語るのではなく、自分なりの論を展開していくには自分なりのひらめき、直感を利用するわけです。では、直感とは何かということですね。

よく無意識と言いますけど、最近の脳神経学など脳に関する研究では、意識と無意識という分け方自体がナンセンスになりつつあります。人は大体のことは自分で意識してやっている、意思を持ってやっていると思い込んでいますが、ほとんどのことは身体的な反応として動いているということが多いとみなされている。昔の言い方で言うと、無意識で動いている。

直感を地球にたとえて説明したいと思います。地球の表面には地表があって、地殻などと呼びますがそれを意識とします。その下に、マントルがあります。それが無意識です。地表の下で巨大なものが蠢いているわけです。直感はどこに当たるのかというと、こういうことです。いま、みなさんのうちの誰かが何か発言したとき、私の脳がパンと反応し、脳の奥のマントルから一気にマグマが噴き上がる。私の記憶の中から何かが反応し一気にそれに関連したものが上がってくる。それが直感なんです。マグマが外からの刺激でぴゅっと表に飛び出していく。実はこのマグマの動きはダイヤモンド鉱床ができる過程と似ていますので、私はよく「直感はダイヤモンド」だと言っています。

直感は外から、神様のお告げのようにやってくるものではなく、自分の中に長年溜まりに溜まったものが、ある刺激を受けて飛び出すものです。では、ここで言うマグマ、つまり無意識はどうやってでき上がるのかというと、それまで読んできたものや会った人、嗅いだ匂い、物心ついたころからの、あるいはその前からのすべての認知、記憶、感情、感覚などをもとに漂っているようなものです。だから、みな同じように見えても、みな違うわけです。

以上は定説ではありませんが、直感を研究する心理学者らの仮説に基づいた考え方です。そもそも感情一つとっても、それが何を指しているのかはまだわかっていないのです。『感情史の始まり』という本を書いたドイツの歴史学者、ヤン・プランパーさんにインタビューした際、こう言っていました。

《感情とは体の現象なのか、心理の表れか認知か、刺激に対する反応か。そこに人の意思がどう働くのかなど捉え方は実にさまざまです》

同じくドイツの脳科学者、エルンスト・ペッペル氏の定義を要約するとこうなります。

《人の知能や意識、感情、自由意思はバラバラにあるのではない。感情も認知も記憶も単独ではない。全てが緊密につながっている。あらゆる感情は認知（知覚）であり、記憶であり、理性的な働きは感情的評価に埋め込まれ、直感は行動しようという意図とつながっている》

プランパーさんは直感について、こう言っています。

《偏見を持たれているのは感情だけでなく、直感や感覚という言葉もそうです。直感をライフワークにする心理学者によると、直感、勘、思いつきといったことは決して非合理ではなく、知識の蓄積の結果です。英語でガット・フィーリングと言いますが、人生で何かを決める際、実はこの直感が大事で、たまたま出てきたものではなく潜在意識ですでに組み立てられた知性の表れなのです》

直感は大事です。ある本を読んでイライラする。だけど、この本は気持ちがいい。そういうことがありますよね。その気持ちよさは他の人には虫唾《むしず》が走るものかもしれない。でも、自分にはこれがいいんだと思えるものを探していくことが大事だと思うんです。

だから、外国に行って、何かに気づく人もいるし、何も感じない人もいます。セルゲイ・ロズニツァ監督の『アウステルリッツ』という2016年製作の映画があります。ユダヤ人たちが多数殺されたドイツの強制収容所に来た観光客の顔をずっと映しているドキュメンタリーです。それを観て興味深かったのは、見学者の多くが収容所跡を見ても衝撃を受けているように思えないことでした。監督も「90％の人は何も感じていないように見えた」と話していました。残虐な歴史の証拠を見てもさほど変わらない。だけど、1割ほどの人は何かに打たれている。

海外に行く経験も要は受け止める側次第です。そこで何かを感じられるかどうかは個人差があります。でも、それも経験してみなければわからないので、とりあえず出てみることをお勧めします。

差別はなくならないのか

「差別は消えないのでしょうか」という声をいただきましたが、それについて少し考えたいと思います。

差別がなくなってほしいと私は思っています。でも、差別を考えるとき、自分も差別をする人間だという自覚が必要だと思います。「私は差別をしない、悪いのは差別をする人間だ」と言って、自分だけ聖職者みたいな態度の人がいますが、それはおかしい。人間は相手が人であれ動物であれ物であれ、分類してしまうものです。そして分類したものの優劣を決めてしまいがちです。それを十分踏まえた上で、そこに差別が生じた場合、一つひとつ「これはおかしい」と突き詰めていくしかないんじゃないかと思います。

理屈で「差別はいけない、はい終わり」という話ではないんです。だから、それぞれの事例に当たって、そこから出た答えを積み重ね、差別をしない人間になるという理想に自分を追い込んでいく。意図的に追い込んでいくというより、先ほど言ったように、直感的にそうなっていったほうがいいと思うんです。

「差別をなくすことへの使命を感じますか」という問いがありました。どうでしょう。私にはそんな高邁《こうまい》な考えはありません。ただ、差別の話に耳が傾くのは確かです。でも、使命とは違いますね。もちろん、差別がなくなってほしいとは常々願ってはいます。

1986年製作のローランド・ジョフィ監督『ミッション』という映画があります。ロバート・デ・ニーロが主演の映画で南米が舞台です。カトリックのイエズス会の話です。宣教師たちが先住民の村に入って布教活動をするわけです。先に来た宣教師は殺されてしまうのですが、主人公たちはどんどん奥地へと入っていくわけです。彼らは現地人を見て、あの人たちに神のことを知らせ、目覚めさせなくちゃいけないと本気で思っています。途中で散々ひどい目に遭いながら、ミッション、使命だからと、密林を分け入っていく。最後は彼らもひどい末路を迎えるのですが、やっていることは正しい、神は見てくれていると思い込んでいる。ちょっと泣けるような映画なんですけど、私は観たあと、こんな思いを抱きました。彼らのミッションは間違っていた。「上から目線」という言葉がありますが、上から目線って何も悪くないと思うんです、それ自体は。知識のない人たちに知識を教えるとか、そういうことは当然ですから。だけど、「これは絶対なんだ、これは正しいんだ」という正義で人に何かを押しつけていく行為が「ミッション」に描かれていたと。

コロンブスが新大陸に到達してから500年あまり、「野蛮な人たち」を救い出して、自分たちと同じように一神教を信じさせなくてはいけないというミッションが各地で為されてきました。でも、それが正しかったのか。80年代のこの映画はそう問いかけていると思いました。

ジャーナリズムも同じです。絶対に正しいなんてことはないと思います。「なぜ、あなたはこれをやっているんですか?」「それを人に知らせる必要があるんですか?」とジャーナリストはみな自分に問い続けているわけです。三十何年かインタビューをしてきて、人から話を聞くことに多少は慣れました。でも常に躊躇があるし、苦しみます。使命というのは言い訳で、やはり最後は自分自身、自分一人の問題になります。なぜ、お前はそれをしたいのかという自問です。使命だと思い込み、悲惨な立場にある人々を取材し、自分のモヤモヤした気持ちをうまく追いやったとしても、自分自身があとで傷つくこともあります。使命というのはいい響きですが、少し怪しい言葉です。

差別を生む「種」を探る

南アフリカに住んでいたころは、差別がなくなるといいなといつも思っていました。あらゆる差別がなくなってほしいと。当たり前ですが、自分がそういう目に遭ったら嫌ですよね。ちょっと買い物に行こう、ワインでも買いたいなと歩いて5分ぐらいの店に行って帰ってくるだけなのに、「おい、お前、いつまでいるんだ、国に帰れよ」などと言われたくないですよね。「この国にいるな!」とかね。日々、「道の真ん中を歩くんじゃない」とか、「端っこを歩け、お前は二等市民なんだから」とか、そんなこと言われたくないですよ。そんな差別はあってほしくないと当然思っています、消えてほしいと。

「差別は良くないよ」と言い続け、消えればいいですけど、なかなか消えない。じゃあ、どうしたら少しずつでも改善されるのか。

すでに触れましたが、例えばアフリカの子供の写真を見て、条件反射的に、短絡的にその意味を摑んでしまう。ひどいことだと背景も知らずに一般化する。それが偏見であり、その偏見が自分のふるまいに表れれば、差別行為となる。そんな差別を生む「種」、心の底にある何か、それがどこから来たものなのか、どんな意味があるのかを自分で捉えていくしかないと思います。

私の場合、何かを書くことで、少しでも状況が良くなればと思っていますが、どう書けば伝わるのか。ずっと探っているところです。

人間を学ぶ

「いままでの私は興味が湧かないと言って何も学ばない人間だったが、話を聞いていろいろなことに挑戦していこうと思った。アフリカだけではなく、私生活すべてにおいて気になることがあればそれについて調べ、アプローチしていこうと思った」と感想を書いてくれた学生がいました。

特に若い学生たちはこれからもいろんな場面で差別を目撃したり、自分が差別されたりすると思います。そういうとき、これはどういう意味だったのかと考える。こうすべきだったという答えはありませんが、差別を学ぶのではなく、人間を学ぶということです。人間、その一人である自分はどう反応するか。自分の生き方と言うと大袈裟ですけど、自分がどうすべきだったのか、相手とどうコミュニケーションをとるべきだったのかを考えていく。その反省から、この学生が書いたように「挑戦していこう」という気持ちになる。この人はそういうことを直感的に感じてくれたんだと思うんです。

男女で色分けしない

こんな反応もありました。「否定的なレッテルとして白人性や男性性を押しつけられる苦しみもあるはずだ。例えば、男性については、『出世する』『泣かない』などが挙げられ、その苦しみはフェミニズムと対立しない。男性性も女性性も同じ社会構造がもたらすもの。権力的立場に優越がある構造を強要されているのだ」

全般で言えば、男性と女性だけじゃない。はっきりと分けられないカテゴリーもあるわけです。それでも被害者は女性が多い。その人が被害を訴えているとき、その人がどんなに変なことを言っていようが、興奮して間違ったことを言っていても、やっぱり聞くことが大事だと思います。男性についても同じだと思います。

最近、よく聞くのが、幼児の性的被害の話です。男児も女児も被害に遭います。幼児や子供、10代までも含めると女性の被害数が多いという統計が出がちですが、男性の被害のほうが多いという説もあります。男児の場合、言い出せず、加害者が身内という例が多いからです。男性の場合、言うとかっこ悪いとか、なんで抵抗しなかったんだ、自分は実は求めていたんじゃないかとか、いろんな葛藤が出てきて言い出せない。言っても、「男のくせに」と言われる。男性のほうがより複雑な形のトラウマとして残るという事例が最近の研究で報告されています。

だから、男女で色分けしないということも当然大切です。

差別した人に会いに行く

「どうしたら差別を意識しない、あるいは差別をしない人間になれますか」という問いが結構多かったんですけど、どうでしょう。自分の場合、そういう気持ちになるときは、「常に明るい人間でありたい」と思ってきました。そして、「きちんと自己主張する人間でありたい」と。そのためには言葉ですね。自分は結構英語ができると思って、英語圏の南アフリカに行ったんです。でも、南アフリカの英語はブリティッシュイングリッシュに近いこともあって、自分はできると言ってもやっぱり日本人の中でできただけでした。

当時、南アフリカの大統領だったネルソン・マンデラさんの定例会見に最初に行ったときの話です。マンデラさんは、私が手を挙げて質問しても「はあ?」みたいに耳に手を当てて、

「わからない」という感じの反応をしたんです。

最初のうちは英語でうまくコミュニケーションがとれず、フラストレーションが溜まっていましたが、英語ネイティブだった妻に「それは英語の問題。基礎をちゃんとやったほうがいいんじゃない」と言われ、先生について必死に勉強しました。

つまり、英会話を勉強するだけではなく、自分の言葉をしっかり英語で組み立てられる人間になろうとしました。きちんと書ける、読めるというのが大事です。どうしてもポンポン話せる英会話ができるほうがいいと思いがちですが、会話をするためには、言葉を知らなくてはならない。それには、どれだけ読めるか、書けるかが大きいんです。そういうことを一生懸命やっているうちに、2年ぐらいで自信がついて、英語の世界でさほど苦もなく仕事ができるようになりました。

言葉ができれば友達もできるし、明るい人間でいれば、愛されるキャラクターになっていく。それが大事じゃないかと思うんです。誰からも愛されるというわけにはいきませんが、少なくとも、その土地で、親しみを持たれるようになる。でも、愛されるには自分が相手のことを好きにならないとダメですね。だから、男性であれ、女性であれ、出会った人に興味を持つ。「あの人はなぜああ言ったんだろう?」「どうしてあんなきついこと言ったんだろう?」と考える。差別的な目に遭えば逆にその人に会いに行く。そうしたら、「いやあ、あのときはどうも」みたいな話になります、多くの場合。それで、あれはこういうことだったんだと自分の中で解消されていく。すると、それが一つの経験となって自信になっていきます。

ただ、静かに家にこもっていては限界がある。交流の苦手な人に話を聞くと現地の人、アメリカ人やイタリア人を「あいつら」みたいな言い方をする人がいます。アメリカ研究をやっている人が「アメリカ人はバカだから」と言っていました。そんなことは言えないでしょ、あれだけ複雑な社会なのに。だけど、そう言ってしまうのはその人の中に、一般化したくなる残念な過去があるのかもしれません。そうならないためには、まずは個を見なくてはいけない。

相手を個で見ようとしたとき、では、自分自身はなんなのかと問いが返ってきます。私の属性はいろいろあります。日本人、男、壮年、いわき市生まれ、東京の板橋、足立育ち、職歴、家族構成など。その中で日本人というのは、帰属の一つにすぎないと思えば、さほどそこにこだわらなくなります。なぜこだわらなくなったのか。アフリカで暴動に巻き込まれた経験については話しましたが、それ以外の理由もあると思います。

計15年ほど世界各地に暮らし、現地の人と親しんできました。そうした友人たちを振り返ったとき、その人を語る上で、例えば「コロンビア人」「中国人」といった国籍はさほど大きくないと気づきました。国籍は、その人のいくつかある属性の一つにすぎず、その人を形づくるのは、生来の気質や家庭環境、その人固有の経験や感受性であって、国籍で人を知ろうとしても限界がある。その結果、次第次第に私自身も、国籍は一つのラベルにすぎないという姿勢をとるようになりました。

私がすごく尊敬している親しい人は中国出身で海外生活の長い人です。親しい友人には日本人、南アフリカ人、コロンビア人、メキシコ人、アメリカ人がいます。彼らを国籍で好きになったわけではない。彼らにはいろんな属性があって、そのうちの一つが中国の上海《シャンハイ》生まれだった、くらいのことです。

入国審査などで「お前は何人だ」と聞かれたら、「日本人です」と答えますが、普段、日本人である自分を売りにしているわけではない。究極のところで、国籍はＩＤの一つにすぎない。日本の歴史や日本人全般についての評判を受け止めるとき、それは国や総体という曖昧模糊《もこ》とした存在についての話であり、何も自分のことだと受け止めることはない。そこから一歩下がったところで、その属性やそれについてのイメージを眺めていればいいという態度です。

差別を乗り越えるために、人は国家や民族といった属性、人間集団からどこまで自由になれるのか。その問いを常に抱えて生きていくことが大事だと思っています。

おわりに

この本は2018年春から21年冬までの4年にわたる中央大学法学部での私の授業を一冊にまとめたものです。集英社の方々が合議の末、タイトルを『差別の教室』にしてくれました。「教室」というと教科書的と思われるでしょうが、内容は差別全般を網羅したものではなく、あくまでも私自身の体験、感覚を中心にすえたものです。

授業は毎回90分、毎期2、3回のペースで計21回を数えました。31時間あまりの録音を文字におこし、新書にするにあたり、順番や流れを組みかえ大幅に削りました。

担当した総合講座のタイトルは「職業・差別・人権」で、複数の講師が交代で話すものでした。私が差別をテーマに選んだのは、これまであらゆるテーマを追ってきましたが、差別を軸にしたことがなかったためでした。

授業を始めて真っ先に気づいたのは、書くことと話すことの違いでした。私は鉱山技師を経て、28歳になる直前に新聞記者になり、原稿書きを34年続けてきました。編集や管理を任されなかったため、原稿を書くだけの日々でした。

私の場合、原稿は机に向かい一気に書き上げます。同じ時期に二つ三つテーマを抱えていても、テーマごとに頭を切り替え、3000字ほどの原稿を3時間ほどで仕上げてきました。

ところが、授業の場合、直近の1週間はもちろん、学期のはじめごろから頭の中で、うるさいくらい語り続けているのです。「みなさんに私が言いたいのは……」「みなさんはどう思われますか」と語り続け、原稿のときのように頭を切り替えたり、一気に仕上げたりできないのです。本業の原稿に向かっている間も、脳裏では授業でのしゃべりが延々と続き、自分を侵食するわけです。

なぜなのか。書くのは本業、語りは素人という慣れの問題かと当初は思いましたが、一番大きかったのは対象の違いです。

私の場合、書くときの想定読者は、ついこの前までの無知なる自分という漠然とした存在です。ところが授業の場合は、目の前にいる現実の大学生です。

総合講座は人気が出て一時は受講生が200人を数えました。2020年の前期以降はコロナ禍でリモート授業になりましたが、それ以前は、私が何かを話すたびに彼ら彼女たちの反応が如実にわかりました。目を輝かせたり、見開いたり、しきりにうなずいたりと、彼らの関心が手に取るようにわかるのです。

最初は気軽に考えていた私も、彼らを見てしまったがために、彼らに向かって日々語りかける癖がついたのです。

学生時代、毎年同じ講義をする教授がいましたが、聞き手はそれをすぐに見抜きます。ですから、21回の授業内容をすべて変えました。何度も受けてくれる学生がいたせいもありますが、同じ内容だと私自身が面白くないからです。私が面白くなければ、聞く側も面白くない。ですから、かなりの部分はそのときに思いついた話、アドリブを中心にしました。その方が聞き手も身を乗り出すのです。

授業で気づいたのですが、差別の話をする際、聞き手の興味をもっとも引くのは、目撃や取材を含めた私の実体験でした。次は人のセリフ、しかも私が直接聞いた言葉です。そして最後が本や映画で得た知識、耳学問です。

この順序は記憶にも言えると思います。体験は深く残りますが、知識は割と浅く残り、そこで得た教訓も簡単に覆りがちです。

ですから、授業ではできる限り、私の体験、そして私が直接話を聞いた著名人や哲学者の言葉を中心に進めました。南アフリカ出身のＪ・Ｍ・クッツェー氏やイタリアのジョルジョ・アガンベン氏、故加藤典洋氏らから学んだことが語りのベースにある気がします。

授業に招いてくれた中央大学の広岡守穂名誉教授、同大非常勤講師でNPOサポートセンターの杉原志保さんに厚くお礼申し上げます。また、同じ総合講座の暉峻《てるおか》僚三《りょうぞう》さん、川崎あやさんら講師の方々にも刺激的な意見をいただきました。

2年近くの執筆に随伴してくれた集英社の出和陽子さんの読解力に、そして、私を海外で自由に書かせててくれた毎日新聞時代の先輩方にもお礼を言わせていただきます。

旅に同行してくれた以下の友人たちにも深く感謝します。エスワティニ出身のケレ・ニャオ、南アフリカのコリーン・デクラーク、ルワンダのモーリス・ムガベ、コロンビアのハメス・ディアス・インカピエ、カルロス・ゴメス、ホルヘ・カルドナ・サパタ、ヤシデ・ガルビス、ペルーのホセ・アロステギ・ヒラノ、アルゼンチンのガビー・ヨシハラ、米国のオスカル・アルバレス（敬称略）。本書の行間のいたるところに彼らがいます。

また、私とつき合ってくれた人々すべてに感謝します。

最後に、進んで海外に同行し、ともに考えてくれた妻じゅん、幼いころから一緒に世界を見てきたチリ在住の長男、周太郎、アメリカ在住の長女、ゆみ子、アフリカ生まれで日本に根づいた次男、光にもお礼を言いたいと思います。

この本は私の単著10冊目に当たり、初の語り下ろしです。読んでくださった方に、言葉一つでも、響くものがあればと願っております。

２０２３年3月、東京で

藤原章生

参考文献・資料

【引用・関連文献、記事、映画など】

はじめに

佐藤裕『新版　差別論――偏見理論批判』明石ライブラリー、２０１８年
『アウステルリッツ』セルゲイ・ロズニッツァ監督、ドイツ、２０１６年
藤原章生「特集ワイド：ナチス強制収容所、観光客に見る　鈍感な大衆の未来　映画『アウステルリッツ』セルゲイ・ロズニッツァ監督」、「毎日新聞」２０２０年11月11日夕刊

第1章

藤原章生「特集ワイド：『ロスジェネ』と『ゆとり』のはざま、１９８０年代前半生まれ　名前なし『透明世代』の焦燥」、「毎日新聞」２０１６年7月14日夕刊
加藤典洋『人類が永遠に続くのではないとしたら』新潮社、２０１４年
藤原章生『資本主義の「終わりの始まり」――ギリシャ、イタリアで起きていること』新潮選書、２０１２年
カズオ・イシグロ『日の名残り』土屋政雄訳、中央公論社、１９９０年
カズオ・イシグロ『わたしを離さないで』土屋政雄訳、早川書房、２００６年
ドネラ H・メドウズほか『成長の限界――ローマ・クラブ「人類の危機」レポート』大来佐武郎監訳、ダイヤモンド社、１９７２年
藤原章生『絵はがきにされた少年』集英社、２００５年
『アニー・ホール』ウディ・アレン監督、アメリカ、１９７７年
セルジュ・ラトゥーシュ『脱成長』中野佳裕訳、白水社、２０２０年

『MERU／メルー』ジミー・チン、エリザベス・チャイ・バサヒリィ監督、アメリカ、2015年
藤原章生「ひと：ジミー・チンさん＝映画「メルー」で世界一過酷な登山を描いた監督」、「毎日新聞」2017年1月11日夕刊
神山睦美『大審問官の政治学』響文社、2011年
上村幸治「記者の目：自爆テロの現場から」、「毎日新聞」2001年9月18日朝刊
藤原章生「『緑の光、ガラスの雨』一命取り留めた4人語る――米大使館爆破事件」、「毎日新聞」1998年8月10日夕刊
"She Fell Nearly 2 Miles, and Walked Away"; *The New York Times.*（2021年6月18日配信）
"What Everyone Should Know About the Brain's Ability to Heal" By Jill Bolte Taylor, *The New York Times.*（2022年10月25日配信）
吉本隆明『新・死の位相学』春秋社、1997年
藤原章生『ぶらっとヒマラヤ』毎日新聞出版、2021年
藤原章生「特集ワイド：この国はどこへ行こうとしているのか　まど・みちおさん」、「毎日新聞」2007年7月6日夕刊
まど・みちお『まど・みちお全詩集〈新訂版〉』伊藤英治編、理論社、2001年
ジョルジョ・アガンベン『アウシュヴィッツの残りもの――アルシーヴと証人』上村忠男、廣石正和訳、月曜社、2001年
ロベール・アンテルム『人類――ブーヘンヴァルトからダッハウ強制収容所へ』宇京頼三訳、未來社、1993年
フランツ・カフカ『審判』辻理訳、岩波文庫、1966年
エマニュエル・レヴィナス『レヴィナス・コレクション』合田正人編訳、ちくま学芸文庫――20世紀クラシックス、1999年
「ジョン・レノン没後30年」NHKアーカイブス、2010年11月28日放送
ファミリーヒストリー「オノ・ヨーコ&ショーン・レノン」NHK、2017年8月18日放送

第2章

藤原章生「特集ワイド：コロナショック　差別の〝感染力〟ウイルス以上　イタリアで、米国で　噴出するアジア人蔑視」、「毎日新聞」２０２０年３月23日夕刊

クロード・スティール『ステレオタイプの科学――「社会の刷り込み」は成果にどう影響し、わたしたちは何ができるのか』藤原朝子訳、英治出版、２０２０年

『ゲッベルスと私』クリスティアン・クレーネス、フロリア・ヴァイゲンザマー監督、オーストリア、２０１７年

Cathy Park Hong, "*Minor Feelings: An Asian American Reckoning*", One World, 2020.

Digital media「VOX」"We're both the comfortable and the afflicted": What gets overlooked when we talk about anti-Asian racism. Cathy Park Hong on unlearning internalized racism and the resurgence of Asian American activism By Alexa Lee.（２０２１年３月17日配信）

Pew Research Center REPORT : Generation Z Looks a Lot Like Millennials on Key Social and Political Issues.（２０１９年１月17日配信）

Isabel Wilkerson, "*Caste : The Origins of Our Discontents*", Kindle Edition, Random House, 2020.

藤原章生「アジア人差別とは何か？　米国のアジア系詩人、キャシー・パク・ホンが放った魂の書、『マイナー・フィーリングズ』（上・下）」Wedge ONLINE、２０２１年６月１日

藤原章生、連載コラム「遠いパラダイス」第７回「青い瞳の中国人」（親書マップウェブマガジン「風」、２００４年配信）

藤原章生「パフォーマンス健在――ペルーのフジモリ大統領が地方視察」、「毎日新聞」１９９７年３月28日朝刊

藤原章生「ハリケーン来襲：揺らぐ米国　「差別」の逆風にも負けず」、「毎日新聞」２００５年９月17日朝刊

藤原章生　前掲連載コラム「遠いパラダイス」第15回「ハリケーンとレイシズム」２００５年10月15日配信

藤原章生「キンシャサ、不気味な静けさ…市民「何起こるか分からぬ」――ザイール直接会談中止」、「毎日新聞」１９９７年５月15日夕刊

藤原章生「首都に『無血入城』、モブツ派は脱出――ザイール反政府勢力、ほう起７カ月」、「毎日新聞」１９９７年５月

18日朝刊
藤原章生「カビラ大統領暗殺は白人の仕業――コンゴ民主共和国、首都に不穏なうわさ」、「毎日新聞」２００１年１月22日夕刊
藤原章生「特集ワイド：コンゴでいま何が…憶測呼ぶカビラ大統領暗殺の背景」、「毎日新聞」２００１年１月26日夕刊

第３章

Ｊ・Ｄ・サリンジャー『ライ麦畑でつかまえて』野崎孝訳、白水Ｕブックス、１９８４年
秋尾沙戸子『ワシントンハイツ――ＧＨＱが東京に刻んだ戦後』新潮文庫、２０１１年
藤原章生「変わる文庫の世界地図　アメリカは『盛』、フランス・ドイツ・ロシアは『衰』」、「毎日新聞」１９９５年４月18日
ジョン・オカダ『ノー・ノー・ボーイ』中山容訳、晶文社、１９７９年
ジョン・オカダ『ノーノー・ボーイ』川井龍介訳、旬報社、２０１６年
ジェームズ・Ｍ・ケイン『郵便配達は二度ベルを鳴らす』田中西二郎訳、新潮文庫、１９６３年
『郵便配達は二度ベルを鳴らす』ルキノ・ヴィスコンティ監督、１９４２年／ボブ・ラフェルソン監督、１９８１年
藤原章生「特集ワイド：小説「ノーノー・ボーイ」で描いた日系米国人オカダの苦悩とは　連鎖する同胞差別の不条理　訳者・川井龍介さん」、「毎日新聞」２０２１年４月30日夕刊
エドワード・Ｗ・サイード『オリエンタリズム（上・下）』板垣雄三、杉田英明監訳、今沢紀子訳、平凡社ライブラリー、１９９３年

第４章

藤原章生「アメリカンドリームの苦さ、描く　ジェンキンス監督『人種差別の本質、変わらず』」（毎日新聞サイト、２０１９年２月27日配信）
『ムーンライト』バリー・ジェンキンス監督、アメリカ、２０１６年

『ビール・ストリートの恋人たち』バリー・ジェンキンス監督、アメリカ、2018年
藤原章生「人と世界：21世紀に向けて　ノーベル文学賞、ナディン・ゴーディマさんに聞く」「毎日新聞」2000年1月31日朝刊）
BLM（ブラック・ライブズ・マター）をめぐる一連のNYTimesなど米英主要紙
藤原章生「政権変わったコンゴ民主共和国　ダイヤ独占に〝地殻変動〟――取引を公開入札に」、「毎日新聞」1997年6月10日朝刊
藤原章生「コンゴ民主共和国、「停戦合意」機能せず――鉱物争い、絶えぬ虐殺」、「毎日新聞」2000年2月23日朝刊
前掲「特集ワイド：コンゴでいま何が…憶測呼ぶカビラ大統領暗殺の背景」
藤原章生「記者の目：政変後のコンゴ」、「毎日新聞」2001年2月15日朝刊
『ルーツ』テレビ朝日、1977年10月放送
ポール・ゴードン　ローレン『国家と人種偏見』大蔵雄之助訳、TBSブリタニカ、1995年
藤原章生「奴隷世界といま」全7回「毎日新聞」1999年1月6日〜21日夕刊
藤原章生「ブラジルの中のアフリカ」上中下「毎日新聞」2002年11月12日〜14日朝刊

第5章
藤原章生「特集ワールド：東京在住アフリカ人　日本人は世界のこと、無知すぎる」、「毎日新聞」2006年6月19日夕刊
藤原章生「特集ワイド：『移民』が見た日本　『雰囲気いい方向』『反中韓が残念』　居心地よさの裏に『無関心』」、「毎日新聞」2016年6月27日夕刊
藤原章生「特集ワイド：『政治に倫理は大事なものでなくなった』　ドイツの哲学者、ガブリエルさんが語る　広がる『21世紀型ファシズム』」、「毎日新聞」2018年7月6日夕刊
藤原章生「私だけの東京・2020に語り継ぐ：タレント・ゾマホンさん　中野の銭湯で友達増えた」、「毎日新聞」2018年12月19日夕刊

第6章
前掲『絵はがきにされた少年』
J・M・クッツェー『マイケル・K』くぼたのぞみ訳、岩波文庫、2015年

第7章
藤原章生「From Johannesburg：中国人のおばさん」、「毎日新聞」1998年6月9日朝刊
藤原章生「記者の目：「名誉白人」の人種感覚」、「毎日新聞」1998年3月3日朝刊
藤原章生「インディオを視る」、「詩学」1995年9月号
藤原章生「百年を生きて：家族の20世紀　アパルトヘイト　屈辱耐え、目指した名誉白人」、「毎日新聞」1998年2月9日朝刊
『エデンより彼方に（Far from Heaven）』トッド・ヘインズ監督、アメリカ、2002年
藤原章生「高い学力、高まる人気――南アフリカの私立中国人学校」、「毎日新聞」1998年3月18日朝刊

第8章
藤原章生「私だけの東京・2020に語り継ぐ：経済ジャーナリスト・須田慎一郎さん　大人びた足立の子供たち」、「毎日新聞」2015年7月15日夕刊
藤原章生「特集ワイド：ビートたけしさんに聞く「足立区ギャグ」落差に面白さの種」、「毎日新聞」2008年1月7日夕刊
「ハンセン病：家族訴訟　国、控訴せず　金沢大名誉教授・井上英夫氏、九州大名誉教授・内田博文氏の話」、「毎日新聞」2019年7月10日朝刊
大澤真幸『憎悪と愛の哲学』KADOKAWA、2017年
『砂の器』野村芳太郎監督、1974年
『人間の証明』佐藤純彌監督、1977年

『パピヨン』（フランクリン・J・シャフナー監督、アメリカ・フランス、1973年
野間宏『狭山裁判（上・下）』岩波新書、1976年
三角寛『山窩物語』読売新聞社、1966年
藤原章生「変わるかアルゼンチン：／4 苦難を運ですり抜けた」、「毎日新聞」2002年10月11日朝刊
藤原章生「読みたい：本の現場 ジョルダーノさん 素数でよみとく男と女の愛の関数」、「毎日新聞」2009年11月17日夕刊
色川武大『うらおもて人生録』新潮文庫、1987年

第9章

藤原章生「ハリケーン来襲：揺らぐ米国 『差別』の逆風にも負けず」、「毎日新聞」2005年9月17日朝刊
藤原章生「特集ワイド：感情ってなんだろう？ ドイツ人歴史学者 ヤン・プランパーさん」、「毎日新聞」2021年11月22日夕刊
ヤン・プランパー『感情史の始まり』森田直子監訳、小野寺拓也ほか訳、みすず書房、2020年
『アウステルリッツ』セルゲイ・ロズニッツァ監督、ドイツ、2016年
『ミッション』ローランド・ジョフィ監督、イギリス、1986年
リチャード・B・ガートナー『少年への性的虐待——男性被害者の心的外傷と精神分析治療』宮地尚子ほか訳、作品社、2005年

【参考資料】

トーマス・R・バージャー『コロンブスが来てから——先住民の歴史と未来』藤永茂訳、朝日選書、1992年
J・F・マルモンテル『インカ帝国の滅亡』湟野ゆり子訳、岩波文庫、1992年
ジョン・エンタイン『黒人アスリートはなぜ強いのか？——その身体の秘密と苦闘の歴史に迫る』星野裕一訳、創元社、

２００３年
トニ・モリスン『白さと想像力――アメリカ文学の黒人像』大社淑子訳、朝日選書、１９９４年
トニ・モリスン『「他者」の起源――ノーベル賞作家のハーバード連続講演録』荒このみ訳、集英社新書、２０１９年
本田創造『アメリカ黒人の歴史』岩波新書、１９６４年
新保満『人種的差別と偏見――理論的考察とカナダの事例』岩波新書、１９７２年
V・E・フランクル『夜と霧――ドイツ強制収容所の体験記録』霜山徳爾訳、みすず書房、１９６１年
宮本正興、松田素二編『新書 アフリカ史』講談社現代新書、１９９７年
伊藤正孝『南ア共和国の内幕――最後の白人要塞』中公新書、１９７１年
Richard Wilkinson,Kate Pickett, "*The Inner Level : How More Equal Societies Reduce Stress, Restore Sanity and Improve Everyone's Well-being*", Kindle Edition, Penguin, 2018.
Garrett Hongo, "*Under Western Eyes*", Anchor, 1995.
Angela Reyes,Adrienne Lo, "*Beyond Yellow English: Toward a Linguistic Anthropology of Asian Pacific America*", Oxford University Press, 2008.
Paul Gilroy,"*Between Camps: Nations, Cultures and the Allure of Race*", Routledge, 2004.
Edward W. Said,"*Culture And Imperialism*", Vintage, 1994.
J.A.S.Grenville,"*The Collins History of the World in the 20th Century*", HarperCollins Publishers Ltd, 1994.
Martin Gilbert,"*1952 -99(v.3) (Challenge to Civilization:The History of the 20th Century)*", HarperCollins Publishers Ltd,1999.
Lawrence James,"*The Rise and Fall of the British Empire*", St. Martin's Griffin,1997.
Robin Neillands,"*A Fighting Retreat: British Empire, 1947-1997*", Hodder & Stoughton Ltd, 1996.
Jorge Lanata,"*Argentinos: Quinientos años entre el Cielo y el Infierno*", Ediciones B, 2003.

藤原章生(ふじわら あきお)

ノンフィクション作家。一九六一年、福島県いわき市生まれ、東京育ち。北海道大学工学部卒業後、エンジニアを経て、八九年、毎日新聞社入社。特派員としてヨハネスブルク、メキシコシティ、ローマ、郡山に駐在。二〇〇五年、『絵はがきにされた少年』で第三回開高健ノンフィクション賞受賞。著書に『ガルシア＝マルケスに葬られた女』(集英社)、『資本主義の「終わりの始まり」』(新潮社)、『ぶらっとヒマラヤ』(毎日新聞出版)、『酔いどれクライマー　永田東一郎物語』(山と溪谷社) など。

集英社新書一一六四B

差別《さべつ》の教室《きょうしつ》

二〇二三年五月二二日 第一刷発行

著者……藤原章生《ふじわらあきお》
発行者……樋口尚也
発行所……株式会社集英社
東京都千代田区一ッ橋二-五-一〇　郵便番号一〇一-八〇五〇
電話　〇三-三二三〇-六三九一(編集部)
〇三-三二三〇-六〇八〇(読者係)
〇三-三二三〇-六三九三(販売部)書店専用

装幀……原 研哉
印刷所……凸版印刷株式会社
製本所……ナショナル製本協同組合

定価はカバーに表示してあります。

ISBN 978-4-08-721264-8 C0295

Printed in Japan

a pilot of wisdom

集英社新書　好評既刊

日本の電機産業はなぜ凋落したのか 体験的考察から見えた五つの大罪
桂 幹　1153-A
世界一の強さを誇った日本の電機産業の凋落の原因を、最盛期と凋落期を現場で見てきた著者が解き明かす。

永遠の映画大国 イタリア名画120年史
古賀 太　1154-F
日本でも絶大な人気を誇るイタリア映画の歴史や文化を通覧することで、豊かな文化的土壌を明らかにする。

江戸の芸者 近代女優の原像
赤坂治績　1155-F
陰影に富んだ世界があったが、歴史教科書には記述が少ない江戸の女性芸能。本書はその成立と盛衰に迫る。

反戦川柳人 鶴彬の獄死
佐高 信　1156-F
反骨の評論家が、反戦を訴え二十九歳で獄死した川柳人・鶴彬の生きた時代とその短い生涯、精神を追う。

日本のカルトと自民党 政教分離を問い直す
橋爪大三郎　1157-C
宗教社会学の第一人者がカルト宗教の危険性を説き、民主主義と宗教のあるべき関係を明快に解説する。

クラシックカー屋一代記
涌井清春　構成・金子浩久　1158-B
コレクターで販売も行う著者が、自動車の歴史、文化・機械遺産としてのクラシックカーの存在意義等を語る。

カオスなＳＤＧｓ グルっと回せばうんこ色
酒井 敏　1159-B
なぜＳＤＧｓを取り巻く言説はモヤモヤするのか？ 京大変人講座教授が説く本当の「持続可能性」とは。

海のアルメニア商人 アジア離散交易の歴史
重松伸司　1160-D
大国の思惑により離散を余儀なくされたアルメニア人の生き様を、アジア交易の視点から鮮やかに描く。

「イクメン」を疑え！
関口洋平　1161-B
日常語となった「イクメン」。その文化を無批判に受け入れてきた日本社会への強烈なカウンターオピニオン。

太平洋戦争史に学ぶ 日本人の戦い方
藤井非三四　1162-D
日本人特有の戦い方が敗因となった太平洋戦争を通覧し、その特徴を詳細に分析。今でも変わらぬ教訓とは。